Sebastian Haidlauff

Der Augspurgerischen Confession und diser verwandten

Predicanten,

jetziger neuer Grundtfest, Bestendigkeit und Ainigkeit

Sebastian Haidlauff

Der Augspurgerischen Confession und diser verwandten Predicanten,
jetziger neuer Grundtfest, Bestendigkeit und Ainigkeit

ISBN/EAN: 9783744613194

Hergestellt in Europa, USA, Kanada, Australien, Japan

Cover: Foto ©Lupo / pixelio.de

Weitere Bücher finden Sie auf **www.hansebooks.com**

Der Augspurgerischen
CONFESSION,
vnd diser verwandten Predican-
ten / jetziger newer,

Grundtfest / Beständigkait
vnd Ainigkait.

Allen frommen Gottseligen Christen / sonderlich be-
melter Confession anhengigen Stenden / zu guter er-
innerung / mit fleiß zusamen getragen,
vnnd inn 40. Artickel
verfasset.

Durch

Sebastianum Haidlauff, der H. Schrifft
Licentiaten.

Matth: 12.

Ein jedlich Reich / so wider sich selbs zertrent ist /
das wird wüst: Vnd ein jetliche Statt oder Hauß /
so mit jhm zwispeltig / mag nit bestehn.

Cum gratia & priuilegio Cæs: Maiestatis.

Anno Domini

M. D. LXXIII.

Luther: in Syngram:

Man kan den Teuffel ja niergents so wol erkennen / als bey der lugen vnd zwiträchtigkeit
im Glauben.

Johan Petreius Predicant zu Mülhausen/
in seiner warnung/ Anno >1. C. iij.

Alles was sonst durch nichts kan zerstört werden / wird durch jnnerliche vnainigkeit vnnd
spaltung zerstöret.

Dem Hochwürdigen/

in Gott Fürſten vnnd Herꝛn/ Herꝛen
Vrbano/Biſchoffen zu Paſſaw/ꝛc.ſeinem gnedigen
Fürſten vnd Herꝛen/wünſchet Sebaſtian
Haidlauff/Gottes gnad vnnd
ſegen/durch Chꝛiſtum
Jeſum.

ES haben ſich zwar etlich Jar
hierein/hochwürdiger Fürſt/ genedigen Herꝛ/
der Augſpurgiſchen Confeſſion verlobte Predicanten /faſt/ vnnd mit lauterm ſchall laſſen
hören/wie das die vralte/ Chꝛiſtliche/Apoſto- **Math. 16.**
liſche/ vnnd in Gottes wort gegründte Catholiſche/ Römi- **Luce 22.**
ſche Kirch/nu mehꝛ ein end ſolte haben vnd auffhören / Jhꝛ **Roman. 10**
vermaindte vnnd ſectiſche Religion aber ſolte dagegen nun
allenthalben an jhꝛer ſtatt außgeſpꝛeit/ von jederman ange-
nommen/vnd biß ans end beharlich bleiben. Vnd derwegen
haben ſie ſich auch für Jarn in offentlichem Truck/mit ſolchen Pꝛopheceyen vnd Warſagungen laſſen vernemen vnd **Der Luthe-**
mercken:Clemens ſeptimus wurde ſchon der letzte Römiſche **riſchen pꝛed-**
Biſchoff oder Bapſt/ Carolus quintus aber der letzte Rö- **cantē falſche**
miſch Kaiſer ſeyn/Vnnd das wolt man ſonderlich mit diſer **pꝛophetien.**
krafftloſen Pꝛophecey des Luthers bekrefftigen / da er alſo
ſpꝛicht:

Peſtis eram viuens moriens tua mors ero Papa.

Das es aber ein vngegründte / lahme/ vnd angedichte

weiſſagung ſey/bezeüget vnd ſihet/Gott lob/die gantze welt
ſelbs wol. Sintemal die jetz regierende Bäpſtliche Hailig-
keit/Gregorius diß namens der dreitzehend/ſchon der ſibend
Römiſche Biſchoffe iſt nach Clemente: Vnd die jetzig Kai-
ſerliche Maieſtet Maximilianus ſecundus, vnſer aller gne-
digſter Herr/allbereit der ander Römiſch Kaiſer iſt poſt
Carolum quintum, vnnd werden ain Gott wil dieſe baide
oberſte Chriſtliche Häupter vnnd Monarchen der gantzen
Chriſtenheit noch nit die letzten ſeyn/es ſey dann daß die täg
diſer ſchnöden welt/von wegen der außerwölten/damit ſie

Matth.24.

nicht auch verfüret/bald verkürtzet werden/nach den worten
Chriſti.

　　Faſt alſo haben auch hernach etlich andere falſche Propheten vnnd Lehrer/der heiligen Römiſchen Kirchen ihren
vndergang gewiß vnnd vilfältig außgeſchrien vnnd verkün-
digt/beſonder Jacob Schmidle dünckt ſich der ſach gar gewiß ſeyn in ſeinem ſinn/darumb er ſich dann erſt Anno 68.

Jacob An-
dree inn der
Vorred ſei-
ner widerle-
gung/der vr-
ſachen/dz et-
liche wider
Catholiſch
worden. C.

in außgeſprengtem ſchreiben hat laſſen vernemen/das Bap-
ſtumb (wie er die heilig/immerwerend/vralt/rein/Catho-
liſch Kirch pflegt zunennen) werde ſich beharlich nicht wider
auffrichten laſſen/ſonder GOTT werde ſie dermaſſen zer-
ſchmeiſſen/ir den Kopff abreiſſen/Arm vnd Schenckel zer-
ſchmettern/daß alle Scherer vnd Balbirer ihr inn ewigkeit
nimmermehr helffen werden/das ſollen alle Papiſten ſo gewiß haben/als gewiß der Chriſtlich Glaub/vnnd das heilig
Vatter vnſer ſey Diſe des Schmidels Prophecey mag wol
bey den ſeinigen ein zeitlang ein anſehen gehabt haben/da

Schmidel iſt
an im ſelbs.

man aber jetzund recht zuſihet/ſo iſt er Jacob Andree nit an
dem heiligen/immerwerenden/Catholiſchen Glauben/ſon-
der vil mehr an ſeiner ſelbs aignen/biß hieher inn der Chriſtenheit vnbekandten Lutheriſchen Religion. Dann eben
ſeine aigne Mit Lutheriſche Predicanten/von wegen ihrer
vilfälti-

vilfältigen vnd vnzalbarlichen zwitrechtigkeiten vnnd rot=
tierungen an jren Gaistlosen/Sectischen Gottsdienst schon
hauffen weiß anfangen zu zweiffeln/er könne ja inn die hart
nicht mehr bestehen/es vergleiche vnd vereinbare/flicke vnd
bessere der Schmidle an jhm gleich wie er wölle / Wie dann
seiner aignen Sectgenossen schreiben hierumb vorhanden
seind / wölche man wol kan außlegen/ wann mans nun ha=
ben wil/vnd die not erfordert.

Dann die Wittenberger / bey wölchen zwar das Lu=
therthumb erzogen/vnd anfengklich auffkommen ist/vnd es
Wittenberg jhnen der vrsach halben das new Hierusalem
must seyn/schreiben fürs erst selbs hieruon/wie volgt: Wehe
aber vnsern armen Nachkommen/so wir die richtige/wolge=
gründte lehre / inn so mancherley verfälschungen / von dem
grundt vnser seligkeit so gar verieren vnd vmbkommen las=
sen/Dann was haben wir vns anders zuuersehen/dann daß
es la:der ein mal auch inn disen Landen/dafür Gott gnedig=
klich seyn wölle/also gehen werden/ wie es / Gott sey es ge=
klagt/in Orient/Asia vnd Africa/vber 900 Jar zugangen
ist / da die Arianischen / Nestorianischen /Eutichianischen
schwarm/wider die ehre des Sons Gottes/vnder das Ma=
hometische Reich verursacht/ vnd jhnen selbs auff den Hals
gezogen haben/ darunder die armen leute / neben schwerer
dienstbarkeit des leibe/auch zur ewigen verderben jrer See=
len/heutiges tages stecken/vnd geplagt werden müssen.

Fürs ander schreibt auch Johan Petreius / vnberuff=
ner Pfarrherr zu Mülhausen/ der dann auch gut Witten=
bergaisch ist/ hieruon auch wie hernach folgt. Dieweil aber
solches alles nicht helffen wöllen / hat er (der Sathan) nach
dem Kriege die Euangelischen Lehrer vnder sich selbst vn=
eins gemacht/ vnd dise spaltung vnnd vnainigkeit angerich=
tet. Damit hat er nu am maisten außgerichtet/dann alles

A iij   was

Wittenber=
ger von der
person Chri=
sti/vnd jrem
Catechismo/
fol. 198.
Merck An=
dree.

Petreius in
seiner war=
nung vom
Flaccianern
C. 14.

Vorred.

was sonst durch nichts kan zerstöret werden / wird durch jnnerliche vnainigkeit vnnd spaltung zerstöret / wie man sihet
an den Historien der Römer / der Griechischen Stette / vnd
anderer / dieweil auch solches one allen zweiffel zu vertunck-
lung der rainen Göttlichen lehre / vnd wegnemung des lieben
Euangelij geraichen wird / wo jme nicht wird gestewert werden / dann des Herren Christi wort wird nicht fehlen / da er
sagt: Omne regnum in se diuisum, desolabitur. Hactenus
Vuittenbergenses & Petreius.

Dise daher jhre aigne wort zaigen reichlich gnug an /
daß den Lutherischen Predicanten an jrer vermainten Religion selbs schon schwindelt / vnd jnen der Hund vorm liecht
vmbgeht / sie könne in die leng nicht mehr bestehen / darumb
haben sie jhr auch schon feine Epitaphia geschriben / das
Requiem gehalten / vnnd klaglieder gesungen / wölche dann
gleichfals ein guten bestendigen bericht geben / daß es noch
nicht aller ding gewiß ist / als solte die Catholisch / wahr / E-
uangelisch Kirch / als bald brechen vnnd vndergehn / dieweil
jhr / Gott sey danck / der Kopff (die heilig Bibel / vnnd jhr
schutzherr Bäpstliche Heiligkeit) noch nicht abgerissen / die
Schenckel (Hispania vnnd Portugal) noch nicht zerschmettert / die Arm (Teutschland vñ Franckreich) nicht zerschmissen / die Augen (Neaplis vnnd Sicilia) nicht außgestochen /
die Ohren vnnd Nasen (Sardinia vnnd Creta) nicht ver-
stopfft / das Hertz (Welschland) noch nicht zerbrochen ist /
sondern sie hat noch wol König / Fürsten vnd Herren / Gott
lob / die sich vber gemelte glider erst auff ein nagelnewes zu
jhr bekeren / vnnd allen Secten / Lutherisch vnd Zwinglisch /
offentlich widersagen / darumb man dann auch des Schmidelini Prophecey viel füglicher auff das Lutherthumb / als
auff das alt bestendig Christenthumb ziehen vnnd refe-
riren

Merck An-
dree.

Matth. 12,
Luce 12,

Den Luthe-
rischen Predi-
canten schwin-
delt schon an
jrer Religi-
on.

König von
Nauarren.
Hertzog von
Conde.

tiren kan. Dann dasselbig/nach jhren aignen oben aller erst
angezognen worten / wirdt sich beharrlich nimmermehr las=
sen auffrichten / vnnd solten gleich alle Predicanten vnnd
Superintendenten / Doctor / vnnd Apotecker / Scherer/
vnnd Balbierer / Casser vnnd Bader / Würtzkrämer vnnd
Starnstecher/Zanbrecher vnd Driakesmänner / daran fli=
cken / das sollen alle Lutherische Predicanten so gewiß ha=
ben/als gewiß der heilig/Christlich/Catholisch Glaub/vnd
das heilig Vatter vnser ist.

(Marginal note: Psalm. 76)

Denn jhr / der Lutherischen Religion / ist der Kopff
(die Augspurgische Confession) schon abgerissen / Arm
vnnd Schenckel (Wittenberg vnnd Leipzig) allbereit zer=
schmettert / allein das Hertz (Jhena) lebe vnnd rhürt sich
noch ein wenig / doch ist es auch schon tödtlich franck / die=
weil es gleich setzund auch inn sich selbs inn einer Statt vnd
Schul Jhena grewlich zertrent vnnd zerrissen ist / Da der
ein theil / als Matthias Flacius Illyricus / vnnd sein an=
hang wil / die Erbsünde sey die Substantz vnnd das wesen
des Menschen selbs / Der ander theil aber / als Wigandus
vnnd Heßhusius wils gar nicht. Item /da das ein theil auff
des Illyrici seitten wil / der Teuffel sey ein erschaffer vnnd
schöpffer des alten Adams vnd der Seelen/ Das ander theil
aber / auff des Wigandi vnnd Heßhusij seitten/ ist hefftig
darwider. Wie ist es dann jmmer müglich/ daß ein solliche
zerrissene vnnd gestimmelte Religion inn die hart bestehen
könne? Ey so muß nun das Lutherisch Reich / weil es so
grausam inn sich selbs zertheilt / wie jhre vnzahlbarliche
newe Schrifften / vnnd zum theil auch Propheceyen/selbs
augenscheinlich außweisen / nach den worten Christi / die
nicht fehlen / auch weder liegen noch triegen können / wüst
werden/vnd zu grundt gehen.

(Marginal notes:)
Wittenber=
ger inn der
grundtfest/
Fol. 4.
Vuigand. in
repet. de pec=
cato orig. con-
tra Illyricum.
Anno 73.
Heßhuf. in ep.
ad D. Barones
in Hollenburg
de iustificat.
Item in episto=
la Illyricum.
Et in propos.
de pecca. orig.

Vnd Anno 73.

Vorred.

Vnd weils dann mit jnen ein solche gestalt kriegt vnd außgang gewinnet/hab ich gleich in nomine domini mit disen jhren vnsäglichen Antilogijs/ alle fromme Gottselige Christen/ vor einn solchen erschröcklichen vnhail/ mercklichen schaden / vnnd entlichem vndergang / gutherziger mainung warnen vnd vermanen wöllen/ob villeicht noch etliche vnder jhn weren/ so dise jhre greisliche jrrthumb auch mit andern verliessen/vnd sich widerumb/mit sampt denen/so sie bißher inn Secten auffgehalten/zu der wahren/vralten/Apostolischen/ vnnd Catholischen Kirchen begeben/darob sich dann alle Engel vnnd außerwölten Gottes im Himmel höchlich vnd größlich erfrewen wurden.

Habe aber dise meine getrewe verwarnung eben ewer F. G. wöllen dediciren vnnd zuschreiben/ weil ich auß jhrem raisen in Osterreich/da sie dann verus pastor ist/wol waiß/ daß sie sonderlich an so erschröcklichen zertrennungen groß mißfallen/an den klaglichen niderlag/ so viler tausent seelen ein hertzlich laid tregt / auch mir vber das / da ich das vorig Jar zu jr in jr Statt Passaw beruffen / allen gnedigen vnd genaigten willen gelaist vnnd erbotten hat/darumb ich mich dann billich danckbar zuerzaigen schuldig erkenne. Bitt demnach gantz vnderthenig E. F. G. wöllen jhr dise mein wolmainende arbeit nit verschmahen lassen / deren ich mich dann noch ferner sampt meinen studijs gantz fleissig will befolhen haben. Datum Freysing / den 10. Februarij diß 73. Jars.

E. F. G.

Caplan

Sebastian Haidlauff, der heiligen
Schrifft Licentiat vnd Suf-
fraganeus daselbsten.

Notwendigs vorbeden

cken an den Christlichen Leser
gestellet.

Elcher nachgehende grundt
fest/ freundlicher lieber Leser/ von
der Augspurgischen Confession zu
gethonen Predicanten vnainigkeit
vnnd vnbestendigkeit/ mit rechtem
nutz vnnd frucht wil lesen / den wil ich gantz vn
derthenig ersucht vnnd gebeten haben / er wölle
zuuor etliche stuck wol warnemen/ erwegen vnd
Bedencken/ ehe er sich weittter in das lesen hinein
Begibt/als nemlich.

Fürs erst/ daß die armen verwirtten leut/
eben die Lutherischen Predicanten/ von jrer vn
ainigkeit vnnd zwispalt noch nit nachlassen/ son
der aller erst recht an vnnd in einander wachssen/
damit nun die gantze Welt wol sehen könne/ mit
was Gaist sie regiert / vnnd was sie für ein Baw
angefangen vn füren/ja wie fein sie Apostolische Acto. 2. 4.
Christen seyen/wölche ein hertz vnd Seel haben.

Fürs ander / daß eben jetz erweckte newe
Controuersien vnd spän vnder der Augspurgeri
                                    B   schen

schen Confession anhengigen Predicanten seind/
als vnder den Wittenbergischen / Jhenischen/
Braunschweigischen/ Manßfeldischen / Wirtenbergischen/ Franckfurtischen/ꝛc. Dann dise alle/ vnnd auch andere mehr/ bekennen sich offentlich zu der Augspurgischen Confession/vnd seind
doch ferner vnnd weiter von einander im Glauben/als der Himel vom Erdboden/vnnd widerumb das Erdrich vom Himel/wie in der gegenwertigen grundtfest gründtlich zulesen.

Wie weit die
Lutherische
von einander
der inn dem
Glauben.

3.   Fürs dritt / daß diese strittige puncten gar
nicht alt (wie sich villeicht die Predicanten verantworten vnnd außreden möchten / wie dann
nicht vnlengst Jacob Andree vor seiner Herrschafft gewißlich gethan soll haben) sonder gantz
frisch vnnd nagelnew seind. Wie dann jhre aigene Streitschrifften gründtlich vnnd warhafftig
außweisen. Dann diese mehrertheil aintweder
erst das Einvndsibentzigist Jahr seind aufgangen/als der Wittéberger Catechismus/ Grundfest/vnnd Fragstuck/ der Jhenischen warnung/
vnd der Braunschweigischen bedencken von gemeltem Catechismo/ Vnnd abermals der Jhenischen Schrifften von der Erbsünd / daß sie kein
wesen sey/ Petrej warnung voꝛm Flacianischen
Gesind/ Der Sächsischen Kirchen widerholte
Confession/ wider die Wittenberger gestellet/ zu
wölcher

wölcher sich fünfzehen Fürstenthum/mit sampt
Vniuersiteten vnnd Kirchen/ bekennen/ꝛc. Ober
aber erst das vorig zway vndsibentzigst Jar ans
liecht seyn gegeben worden / als der Wittenber=
gischen widerholte newe bekantnuß/zu Dresden
gestellet / der Jenischen Fallstrick/vnd einhellige
Bekantnuß vom Wittenbergischen Catechismo/
Grundtfest vnnd newe Bekantnuß zu Dresden/
der Wittenbergische Bekantnuß von der person/
Himelfart/Sitzen zur rechten Gottes/vn gegen=
wertigkeit Christi im H. Nachtmal/der Franck=
furtischen Prob/vnd Petri Datheni darauff ge=
thone antwort. Auß wölcher trawen ein jeder/
wie einfältig er jmmer ist/ leichtlich selbs kan ab=
nemen/ daß der Lutherischen Predicanten zer=
rüttungen vnnd zertrennungen nit alt / sondern
gantz new seind / wölches zwar allhie wol zu=
mercken / sonst möchten etliche argliftige ein auß=
flucht suchen vnnd fürgeben / es wären diese
zwispält gleichwol vnder jhnen gewesen / die
nunmehr aber abgelegt/vnnd sie sich der sach vn=
der einandern schon verglichen vnnd verainiget/
wie dann D. Jacob Andree oder Schmidle all=
berait/ Anno 1570.3 wo schrifften aufgesprengt/
in wölchen er gantz vnuerschampter weiß gros=
ser ainigkeit/ so vnder den Lutherischen Predi=
canten sol seyn/sich darff rhümen/das jhme aber

Ein Bericht
vnd predig.

　　　　　　　　B ij　　bie

In jrer grüt
fest von der
person Chri=
sti/ fol.149.
b.
die Wittenberger selbs hoch verweisen/darumb dann auch weder seine/ noch anderer außflucht hie statt mögen haben.

4.

Fürs vierdt/. daß es inn disem newen stritt vnd zanck nit vmb geringe vnd schlechte / sonder vmb die aller höchsten vnnd fürnembsten stück vnsers heiligen Christenlichen Glaubens zuthun ist / wie ein jeder Christ auß folgenden Artickeln selbs augenscheinlich sehen wird.

5.

Fürs fünfft / daß dise gezänck auß jhren der Predicanten aigne Schrifften/ trewlich vnd vn= betrüglich/ fast von wort zu wort seind auß vnd abgeschriben.

6.

Fürs sechst/ daß sie selbes schreiben/vnnd sagen von jnen selbs vngefragt/es seyen grosse vnd vnuergleiche rottierung vnder jhn / wie dann im Beschluß diß Büchleins jhre aigne Formalia ver= ba sollen gesetzt werden.

Wittenber=
ger in jhrer
grundtfest/
fol.149.b.
7.

Fürs sibend/ das sie widermals auch selbs bekennen vnd verjehen/ es werde jnen vngütlich nachgeschriben/ gleichsam hetten sie sich mit ein= ander verglichen vnd vereinbart.

8.
Ihenenses
in jrer war=
nüg. D.E. iß
Wittenber=
ger in jhrer
grundtfest.
fol.119.b.
Fürs achtet/daß sie auch ein ander selbst bit= ten/je ein theil den andern/ er wölle sein lehre re= tractirn vñ widerruffen/ die Jenischen die Wit= tenbergischen / vnnd die Wittenbergischen die Wittenbergischen.

Fürs

an den Chꝛiſtlichen Leſer. 7

Fürs neundt/daß der Augſpurgiſchen Confeſſion verlobte Predicanten / nach ihrem aigen
vrtheil / den rechten. wahren Chꝛiſtlichen Glauben / Kirchen / Religion vnnd Gottdienſt gantz
vnd gar nicht können haben. Sintemal die Wittenberger klärlich ſchꝛeiben/ der Conſens vnd die
ainhelligkeit ſey ein gewiſſes zeichen der wahren
Kirchen Gottes. Weil dann durchauß kein ainigkeit bey jnen iſt/ wie gantz augenſcheinlich inn
diſem Tractat wird angezaigt / ſo iſt die Conſe-
quentia lauter vnnd klar / daß die Lutheriſchen
Predicanten all auff ein hauffen/weil ſie all 3 wi-
ſpältig/ vnnd der ſach mit eins/jꝛꝛen/vnnd neben
der wahren Kirchen Chꝛiſti weit weit fürdan
ſpatzieren gehen.

Fürs zehend vnnd letzt/ das derwegen des
Schmidelini ſtoltzer rhum nichts/falſch/ vñ vnwarhafftig iſt/ geradſam ſo ein feine gleichheit
vnder jn den Lutheriſchen Predicanten were.

Deren ſtück wölle ſich der Chꝛiſtlich Leſer/
Bitt ich gantz freundlich/zwar ehe vnnd er fortter
ſchꝛeit im leſen/ wol vnnd bedechtlich erinnern/
dann ſie jhme faſt erſpꝛießlich/ vnnd behülflich
werden ſeyn/ wie nach auffgeleſenem Büchlein
ein jeder ſelbs wird müſſen der warheit zeugnuß
geben. Hiemit wünſche ich einem jedem / was
Religions er jmmer iſt/ alles was jme dienſtlich

B iij   vnd

9.

Vuittenber: in
Catecheſi de
Symbolo. q.
Quæ ſunt ſi-
gna monſtrā-
tia verum Ec-
cleſiā. Fol.79
ed.lat.Vuit.
Anno 71.

10.

Grundtfest new augerichter
vnd fürderlich mag seyn / zu der erkandtnuß des
wahren / rainen / pur / lautern / vnnd vnge-
felschten Catholischen wort
Gottes / Amen.

I.

Die erst vnainigkeit ist der Augspurgi-
schen Confession halb / zwischen den Jhenischen vnd Wittenbergischen
Theologen.

DAnn die Fürstlichen Sächsischen Theologen zu Jhena / mit sampt jhrem gantzen anhang den Flacianern / beschuldigen die Wittenbergischen offentlich / sie haben die Augspurgische Confession verendert / verkert / inn ein andern widerwertigen sinn gezogen / verfälschet /
verruckt / gestimmelt / vnnd jhr den grundt mit
jrem vnrainen Caluinischen Catechismo erst gar
zerstochen / verkert vnnd verstört. Dann es sey
Weltrüchtig / daß ein Mann etliche wort herauß gethan / etliche aber verendert / hinder der
Kirchen wissen / Befehl vnnd verwilligung. Inn
Summa / die Wittenbergischen seyen von der
Augspurgischen Confession abgefallen / vnd beruffen sich derhalben fälschlich auff sie. Dann die
recht

Nicolaus
Gallus im
Büchle wäch-
terstimme.
D. 18.
Petrus Date-
nus auff die
Franckfärte-
lisch probt
Fol. 5.
Joh. petres
in seiner war-
nung. F. An-
no 71. zu Wit-
tenberg.
Jenische inn
der warnüg.
B. Mansß-
feld.inn irem
Bericht. J.i.
Item / in den
Fallstricken.
C. lij. An.72.
zu Jehna.

recht alt Augspurgische Confession verwerffe/ vnnd verdamme jhr lere. Von dannen auch die Gerischen vnnd Schönburgischen Flacianer/ die Wittenbergische Confession vnuerholen/ ei= nen Cothurnum, Buntschuch/ Pantoffel/ Pol= nischen Stiffel/ an bayde Schenckel gerecht/ein becktmantel der Adiaphoristen/in jrer Confession Schrifft nennen.

Das widerspill aber sagen vnnd schreiben eben auch die Sächsischen Churfürstlichen Theo= logen zu Wittenberg/ das sie die Flacianer zu Jhena/vnnd anderstwo/offtgedachte Augspur= gische Confession verwerffen/vnd die aller höch= sten vnnd fürnembsten Artickel des Glaubens darinnen schendtlich zerreissen vnnd zerwühlen/ vnd wöllen jhr dannoch verwandt vnnd zuge= thon seyn. Jha sie verwerffen vil gedachte Aug= spurgische Confession nit allein/ sondern sie ma= chen sie auch den Potentaten vnd Herrschafften zum höchsten/ohne alle vrsachen/falscher lehre verdechtig/ vnnd verlaiden sie auch noch vber das der jugent. Jn Summa sie gehn mit jhr also vmb/ daß man gleich nimmermehr wisse/wöl= ches/ vnd wo die recht Augspurgisch Confession sey/ wie man das vor zwey oder drey Jaren inn Osterreich wol erfahren habe/ da man lang ge= forschet/ wölches die recht Augspurgische Con= fession seye.   War=

Jenische ein=
jr warnung.
A. iij. D.
Item in Fal=
strickc. E. iiij
Joh. petreii
inn der war=
nung vom
Flaccia. F.
Ey wol schö=
ne herrliche
namen/ titel
vnd lob/ hat
die Augspur=
gisch Confes=
sion.

Jenische von
der rechtferti=
gigg. A. 4.b
Wittenber.
in der grund
fest.fol.198.a

Petreius inn
der warnüg.
F.

Sehe hin ha=
be dir das vil
noch vil mer
me'n schöne
Augspurgi=
sche Confess=
on.

Grundtfest new angerichter Warnung.

DA mercke vmb Gottes/vnd deiner edlen seelen hail willen/du edle Hertschaft/dü frommer Christ/was die Augspurgisch Confession für ein feins/guts/ja schnödes vnnd schandtlichs lob vnnd rhum hat/bey jren aignen Predicanten. Ey wie hast du dich dann biß hieher so bößlich auff sie verlassen/vnnd dich jr anhengig gemacht. Sintemal sie nach jrer/vnd deiner aignen Predicanten sag/nichts werth/sonder geflickt/zerrissen/vnd offtmals verendert vnd verkert ist. Dieweil jr fürs ander auch so grausame/vnfletige/vnd scheützliche namen/von jhren aignen Predicanten gegeben werden/also das billich einem jeden ehrliebenden Christen von hertzen ab jhr grausen solt: Ja weil deine aigne Predicanten auff das wenigst zwo vngleiche widerwertige Augspurgische Confessiones vnnd bekantnussen machen vnnd haben/Die Jhenischen mit den Flaccianern ein besondere/vnd die Wittenbergischen auch ein besondere/vnnd sagt jeder theil/die sein sey die recht/vnnd je ein theil verdampt vnd verwirfft dem andern die seine. Zu wölcher wilt du dich/O hertz frommer Christ/bekennen? weil alle baid von jhrer aignen Predicanten auff das höchst geschendet vnd verbandt werden/

Marginalien:

Die augspurgische Confession hat ein gewaltige lob.

Die Augspurgerische Confession hat grewliche namen. Die Lutherschen haben auff das wenigst zwo Augspurgische Confessiones/die Jenisch Augspurgische Confession/vnd die Wittenbergisch Augspurgische Confession.

werden/in dem je ein theil sagt/des andern Augs=
spurgische Confession sey verfelschet/verruckt/
vnd gestimmelt.Ey so seind sie all baid/nach laut
jhrer aigen gezeugknuß nichts werth. Was wilt
du dann fortan bey der Augspurgischen Confes=
sion thun? Bekere dich derwegen vil mehr eben
so mehr zu der alten/heiligen/Christlichen/Apo=
stolischen/Catholischen/ainhelligen/Bestendigen/
Römischen Confession/wölche im H.Paulo ge=   Roman. l.
gründet vnd befestiget ist/vnd fliehe/vnd laß die
Augspurgisch fahren/weil keine gut/wen jr noch
so vil weren/wie die Lutherischen Predicanten   Vt supra
selbs bekennen/vnd vnwidersprechlich schreiben.

II.

Die ander vnainigkeit ist des Witten=
bergischen Catechismi halb / zwischen
den Wittenbergischen vnd
Ihenischen.

DAnn die Wittenbergischen Canonisirn/ver=   Jenens in Fallstricken. B.q.An: 72
dtädigen vñ halten jren newen Catechismum   Vuittenberg: in præfatione Catecheseos.
für ein solch Kleinot/Hailthumb vñ Kun=
stuck/daß er auch des Luthers Catechismum al=
ler erst muß recht erklären vnd erleuchten/ja wöl=   Item in der grundfest vñ gemelte Catechismo. fol.
len auch noch vber das/mit gutem gewissen/von
jhrem Catechismo bezeugen/ daß inn demselben   154.L.O.q. O.q.q.
C   nichts

nichts newes noch frembdes von jhnen auff die Bahn gebracht werde/sondern daß er recht vnnd vnſtreflich ſey.

Die andern aber/als die Jhenischen/Braunschweigischen/Luneburgischen/Grubenhagischen/Meckelburgischen/Roſtockischen/Manßfeldischen/ꝛc. halten gedachten Catechismum für schwermerisch/vnrein/ergerlich/falsch/Sacramentirisch/verfürisch/Sacramentschwermerisch vnnd Caluinisch/Besonder aber geben jhme die Jhenischen gar ein fürtreflichen/holdseligen namen/nennen jhn das new Egyptische Kalb/zu Wittenberg gegossen vnd auffgerichtet. Derwegen schreiben die Braunschweigischen Predicanten/wölle fürwar Christlicher Obrigkeit/vnnd sonderlich Euangelischen Fürsten/gewissens halb gebüren/dohin vnnd darauff zutrachten/daß dem vnhail vnnd jämerlicher zerrüttung/so hierauß (auß dem newen Wittenbergischen Catechismo)erfolgen wurd/Bey zeiten möge begegnet werden/Dann in Augustana Confessione seyen die Sacramentarij auffgesetzt/vnd in Religions friden dieselbige Secten gantz außtrücklich außgeschlossen/vnd wie hiedurch der Religions fride gentzlich köndt auffgehaben werden/verstehen die Politischen am besten.

Warnung.

Was

WAs muß aber/vmb Gottes willen/der from
me Lay hierzu thun? Oder zu wölchem Catechismo wil er sich hindennach bekennen/
vnd seine liebe Kindle vñ Waißle schicken? Dañ
sihe vnd erbarme dichs du lieber Gott/ Weist er
sie auff den newen Wittenbergischen Catechis-
mum/so hat er aller erst wol verstanden auß jren
der Predicanten aigne schrifften/ wie er so ein ab-
scheulichs muster ist/vnnd so ein heßlichen beruff
hat/ also daß billich einem jeden fromen Christen
von hertzen ab jme selbs grausen/ vnd sonderlich
den Potentaten vñ Herrschafften ein entlichs ab-
scheuen machen solt/Wil er dann seine Kindle zu
des Luthers Catechismum füren vñ gehn lassen/
sihe so schreiben die Jhenischen Predicanten auch
selbs / Pretorius habe jn grewlichen verfelschet/
Vnd waist er also gar nit/wem er sich /vnd seine
liebe Kindle vertrawen soll/die weil nach jrer aigen kundschafft/kein Catechismus/weder des Lu
thers/noch der newe Wittenbergisch/rain vnnd
lautter ist. Were derhalben der beste vnd nechste
weg/ er verliesse alle/ weil nichts guts an jhn ist/
mit einandern/ vnd käme wider zu dem einhelli-
gen/Catholischen/ bestendigen vnd gründlichen
Catechismum/ so wäre er vnd seine liebe Kindle
recht versorgt vnd versichert/daß er vnnd die sei-
nigen den rechten grundt vnnd die warheit selbs
hetten.   C ij   Die

Jenische in
der warnüg.
D.

Matth. 16.
Luce 22.
Roman. 6.

III.

Die dritt vnainigkeit / ist von der persönlichen verainigung baider natur inn Christo/ zwischen den Jhenischen vnd Wittenbergischen.

Jhenenses in jrer wartung. D.iiij. Brunschwige. in jhrem Bedencken. Wittenberger von der person Christ. fol. 116.b

DAnn die Jhenischen/ Braunschweigischen/ wie auch die Wittenbergischen Predicanten/ vertheidigen realem communicationem, das ist/ ein wesentliche mittheilung vnd vermischung baider Naturn inn Christo/ also das die Göttlich vnd die Menschlich dermassen mit einandern verainiget vnd vermischt/ das die Göttlich der angenommenen Menschlichen Natur/ all jhre aigenschafft / Maiestet/ Himlische Göttliche krafft/herzligkeit/ehze vnd wurde / wesentlich habe auffgegossen vnd mitgetheilet/ auff gut Eutichianisch vnd Monothelitisch.

Die Jhenischen/ Braunschweigische vnd Wittenbergischen/ wie oben.

Die Wittenbergischen aber vnd jre Rotgesellen verdammen vnd verbannen solche realem commmunicationem, vnd setzen allein verbalem, ein wörtliche / gleichsam es kein rechte vereinigung sey/ sondern es seyen zwo personen in Christo/ jha zwen Christus / auff gut Nestorianisch/ wie sie dann selbs diser grewlichen vnd erschröcklichen jrrthumben einandern beschweren vnnd verleumbden/die laß ich demnach mit einandern auff außkochen vnnd selbs verantworten. Es wöllen gleichwol baide theil hinder sich zauffen vnnd laugnen / aber wann es nichts wäre / warumb schreiben sie dann erst auff ein nagelnewes so erbittert wider einander.

Warnung.

Hilffe aber du lieber GOTT / wie ist das gemain Sprüchwort / so die Jhenischen auch selbs wider sie selbs etlich mahl gebrauchen / an den verstignen leuten so wahr / da man pflegt zusagen : Kein irrthumb bleibe allein / Dann sihe du frommer Christ / die Lutherischen Predicanten haben sich biß hieher wider die vralt / in Gottes wort gegründte Catholische Religion / fast in allen stucken des Glaubens gelegt / allein die aller heiligist Trinitet vnnd Dreiheit Gottes auffgenommen / da haben sie sich noch mit der Catholischen Kirchen zimlich lassen finden : Jetzt aber geht der H. fürnemest Artickel Christlicher Religion bey jnen auch schon dahin / mit den andern / zum alten hauffen / vnd darzu gar gröblich vnnd erschröcklich / dann baide theil / die Wittenbergischen vnd Flacianischen sich auff das höchst versteigen / da jene die Wittenbergischen der persönlichen verainigung zu wenig / diese aber / die

C iij   Schwenck-

(margin notes) Jenische inn jhrer wart nung vorm Wittenbergischen Cate chismo. D. ist Spruchwort

Matth. 16. Roman. L

Grundtfest new angerichter

Schwenckfeldischen vnd Flacianischen zu Jhe-
na/Braunschweig/Wittenberg/rc. zu vil thun
vnd zuschreiben. Dann diser Bayder Parthey irrthumb verstößt vnd verwirfft das H. vralt/vnd
approbirt Symbolum Athanasij, nemlich die Con
fusionem substantiæ, die vermengung Bayder na-
tur/wölche die Flacianischen versprechen/vnnd
diuisionem personæ, die zertrennung der person/
wölchs die Wittenbergischen wider die ainigkeit
der person gemeltes Symboli haben wöllen/nicht
desto weniger ist baider theil so gar schamloß/
oder aber so blind/daß sie sich gar keins irrthumis
wöllen schuldig wissen. Wolan was wilt du
frommer Lay darzu thun/zu wölchem theil wilt
du dich halten? dann Bayde wöllen recht haben/
vn fahren doch baid weit an/Bayde sagen sie sey-
en der Augspurgischen Confession/vnd sagt doch
je ein theil/der ander verkere vnnd zerschmeiß sie
auff das jämerlichst/Bayde wöllen gut Christen
seyn/vnnd verdammen vnd verketzern doch ein
ander auff das hinderst/durch wölche vnableß-
liche vn vnsegliche vnainigkeit du bey jnen nimmermehr kein grundt vnd Bestand würst haben
oder finden mögen. Wär dir derhalben wol zu
rathen/du kerest dich wider zu der Bewerten Catholischen ainigkeit/so möchtest du diß zanckens/
vnd hin vnd wider fallens wol vberhaben seyn.

Die

IIII.

Die vierdt vnainigkeit ist / von der

Menschwerdung vnd verkldrung Christi / zwischen den Wittenbergischen vnd Wittenbergischen Predicanten.

Recog.Brent,
p.114.229.
230.
Wittenber.
in der grundt
fest. Fol.119.
a.b.

Ann Brentius vnd Jacob Andree / mit irem anhang / dichten ihnen von jetzgemelten stucken ein newe Dispensation / wölche sie also beschreiben / daß es sey ein verbergung oder hinderhaltung der Göttlichen maiestet vñ allmacht / so die menschheit auch in der ernidrigung vnd im todt / ja in der Menschwerdung / vñ schon in mutter leib gehabt / also / daß Christus vil gethon / vnd vber sich genomen habe nach der eusserlichen gestalt / nicht aber nach der Maiestet / so der menschheit mitgetheilet worden sey / als exempli gratia: Christus sey wol nach der eusserlichen gestalt vñ ansehen seiner menschlichen natur aufferstanden / vnd demnach nit im grab gewesen / aber nach der Maiestet seiner mitgetheilten Gotheit sey er eben dazůmal auch noch mit dem Leiß im grab / ja im Himel vñ auf Erden gewesen / vñ hab also nichts newes inn der Aufferstehung empfangen. Item / Christus sey wol nach der eusserlichē gestalt nach der aufferstehung sichtbar / vmbschriben / begreiflich gewesen / vnd mit seinem Leibe gen Himmel gefahren /

Chriſti ver⸗ ſtend vnnd auffart ſeine Brentio vnd Schmidelli no allein ein eufferliches ſpectakel vn Affenſpill ge weſt.

gefaren/doch ſey ſolches allein ein eufferlich ſicht⸗ bar Spectakel geweſt/Dann nach der Maieſtet/ ſo ſeiner Menſchheit zur zeit der Menſchwer⸗ dung mitgetheilt/ſey er auch ſchon inn Mutter leib gen Himel gefaren/vnd zur rechten des Vat⸗ ters geſetzet/vnd habe alſo nichts newes inn der Himelfart empfangen.

Wittenber: grundtfeſt. Fol.119.a.b.

Die Wittenbergiſchen newen Theologen aber können vnd wöllen diſe newe Diſpenſation nicht billichen/noch ſie derſelbigen anhengig ma⸗ chen/Sintemal ſie gantz wunderbarlich/vner⸗ hört/gefehrlich vnd verkert/vnd die Artickel von der Menſchwerdung/Himelfart/vnnd Sitzen zur rechten des Vatters/inn einander vermiſchet vnd vermenget.

Warnung.

Tom.3.Fol lio 260.261.

ES ſchreibt der Luther wider die Zwingliá⸗ ner/frommer Chriſt/es ſeye vmb den Glau⸗ ben eben ein ding/als vmb ein Ring vnnd Glocken: Dann gleich wie der Ring/ſo er eine Borſten oder ritzen kriegt/tauge er gantz vnd gar nichts mehr: Vnnd wo die Glocken an einem ort Börſtet/klingt ſie auch nit mehr/vnd ſey gantz vn⸗ tüchtig. Wolan wann diß des Luthers Axioma wahr

waht ist/ wie die Jenischen zum wenigsten nicht
in abred werden seyn/ sie wöllen dann auch vom
Luther mit den andern abfallen/ sihe so tauge
auch der Lutherisch Glaub gantz vnnd gar nicht
mehr/ sondern ist gantz vntüchtig/ dieweil weltrüchtig vnnd Landkündig/ daß er nicht nur eine
Borsten/ ritz/ spalt/ klimpsen oder loch bekriegt/
sondern vil hundert/ wie dann inn vilen der Lutherischen Predicanten Büchern/ so sie allererst
newlich/ jnnerhalb zwayer Jaren/ an tag gegeben haben/ klärlich vnnd hauffen weiß zulesen/
vnd in diser Grundtfest allein zum theil/ vnd auf
das kürtzest verzeichnet ist. Ey wz wilt du dañ du
frommer Christ/ bey diser vbellauttenden/ schötterten vñzerschmetterten Lutherischẽ glocken thun?
Bekerest dich derowegen vil billicher zur Catholischen/ deren gantz hellen klang man noch/ Gott
lob/ biß gar inn Indiam hinein erschallen hört/
auch sich gar König/ Fürsten vnnd Herren/ erst
auff ein nagelnewes zu jhr thun/ vnd dagegen allen jetzschwebenden jrrthumben offentlich absagen vnd vrlaub geben.

Der König von Navarren/ vnd die Hertzog von Conde seind wider Catholisch worden.

V.
Die fünfft vnainigkeit ist vom ampt
des Mitlers Christi/ zwischen den Wittenbergischen vnd Jhenischen.

D   Dann

Grundtfest new angerichter

Dann die Wittenbergischen Theologen (wie die Jenischen / Brunschwigischen / vnd vil andere Predicanten mehr von jnen offentlich melden vñ bezeugen) schreiben in jrem newen Catechismo / in außlegung des Artickels: Empfangen vom heiligen Geist / 2c. Christus der Herr sey vnser mitler / allein nach seiner Götlichen natur / vnd nicht auch nach der angenomnen menschlichen / vnd folgen also hierinnen des Osianders schwarm vnnd gedicht nach.

Die Jenischen / Brunschwigischen / Lunebur-gischen / vnd andere mehr Predicanten aber streit-ten vnnd schreiben wider dise der Wittenberger lehre gantz hefftig / diß solchs jr gedicht seye.

Fürs erst / Sacramentirisch.

Fürs ander / werde man den Leib vnnd das Blut Christi in seinem Abendmal nicht mehr ge-genwärtig haben / wañ er allein nach seiner Göt-lichen Natur vnser mitler / vnnd bey seiner Kir-chen allhie auff erden sey.

Fürs dritt / habe man vnsern lieben hailand Jesum Christum allhie auff Erden nit gantz oder gar / sonder nur halb / nach laut diser der Witten-berger lehre.

Fürs vierdt / werde die Natur Christi / nach wölcher / vnd mit wölcher er vns als ein Bruder verwant /

Jenische war-nung. D. Brunschwl. in jhrem Be-dencken / vor dem Witten-bergischen Catechiß. B. Luneburg. in jhrem Be-denck. D ilß Hallenßes in jr verzaichnuß. X. 116. Anno 72.

Wie erst an-gezogen.

verwant/ weiter vnd ferner / als der Himel von
der Erden/ von vns abgescheiden.

Warnung.

ES schreibt Martinus Luther / gutherziger
Christ / alle Ketzer seyen diser art/ daß sie erstlich allein an einem Artickel anfahen / darnach müssen sie all hernach/ vnnd alle sampt verlaugnet seyn. Diß ist fürwar ein wahres wort/
vnnd wirdt an niemands besser erfüllt/ als eben
an jhme dem Luther/ vnnd seinen Nachkömling.
Dann/ sihe vmb Gottes willen/ anfengklich griffen sie nicht mehr als ein Artickel vom Ablaß an/
bald hernach ander mehr/ vnnd also folgends einen nach dem andern/ biß daß sie schier jetzundt
gar keinen ainigen Artickel mehr haben/ der gantz
vnd vnuersehrt wäre/ wie dann inn gegenwertiger Grundtfest allein ein wenig abgerissen vnnd
entworffen ist. Wann du derhalben/ O hertz lieber
Christ / nur noch ein kleine zeit bey der Lutherischen Religion bleibest/ sihe so würst du kein ainiges trimmel mehr an jr finden/ vil weniger haben werden. Wäre dir demnach vil weger vnnd
besser/ du kehrest wider zur Catholischen / die
noch/ Gott lob/ in allen stucken gantz vnd vnuerruckt ist.

Luther inn seiner kurtzē bekandtnuß vom Abentmal.

D ij   Die

Grundtfest new angerichter

VI.

Die sechst vnainigkeit ist vom H. Artickel: Er ist auffgefahren zu den Himmeln/sitzet zur rechten Gottes des allmechtigen Vatters / zwischen den Jhenischen vnd Wittenbergischen.

Jenische inn der warnüg vorm Witt. Catech. D.H. Brunschwl. in ihrem Bedenck E. X. uñ Luneburg. In ihrem Bedencken. E.). Anno 72. Gemeine Cõfeßion der Sächsischen Kirchen. M. m. ff. Christus ist den Wittenberg gisch im Himmel mit leib vnd gut artistiert. Wittenberger in ihrer grundtfest vnd verantwortung irs Catechismi. Fol. 175. Matth. 5.

Ann die Jhenischen/vnd andere Benachbarte Theologen / bezüchtigen die Wittenbergischen / sie vermengen disen heiligen Artickel(Er ist auffgefahren)listigklich inn einander/ als nemlich/ weil er sichtiglich auff gen Himel gefahren/ so sey er auch nun corporali locatione leiblicher weiß an einem ort/wölches dann ein grund vnd ziel mit den Sacramentirern sey/so sie in die arme jugent wöllen einschieben.

Die Wittenbergischen Theologen aber beschuldigen gleich widerumb auch obgemelte Predicanten / sie aber vnderstehn sich den gewissen vñ aigentlichen verstand des Artickels de ascensione zu verdammen/vnd ihn entlich gantz vnnd gar mit einander auffzuheben.

Warnung.

ES sagt Christus der Herr/ Freundlicher Leser: Ewer red sey Ja Ja/ Nain Nain/ was darüber ist/ das ist vom aigen. Diese wort Christi

Christi geben dir zwar stattliche zeugniß/daß der
Augspurgischen Confession zugethone Predi-
cantē/weder Euangelisch noch Apostolisch seind/
weil jre reden auch vnder einer ainigen gemelten
Confession gar nicht Ja/Ja/Nain/Nain/seind/
wie Christus die Apostel lehret/ sonder der ein
sagt Ja/der ander Nain/der ein Nain/der ander
Ja/wie du dann in diser Grundtfest wol sihest/
Auß welchem auch noch vber das folget/daß gemelte Predicanten nit allein nit Apostolisch/ sonder auch noch vber das vom argem seind/ dann
also lauten die wort Christi. Ey was wilt du daß
bey jhnen thun? Komme derowegen wider zun
Catholischen/ da hast vnnd findest du gewißlich
Ja/Ja/Nain/Nain/ wie etlich ansehenliche Lu-
theraner selbs zeugknuß geben / als Illyricus/
Schmidelinus/ vnd andere mehr.

Illyric. contra
trinnemt. rem
Theol.D. Ste-
phil.
Jacob An-
dree inn der
widerlegüg
der vrsachen
fol.142. S.14
Anno 68.

VII.

Die sibend vnainigkeit ist vom sitzen
Christi zur rechten seines Vatters/ zwischen den
Wirttenbergischen vnd Wittenber-
gischen Predicanten.

Recog.Brent,
p.114 219.
230 & dein-
ters
Wittenber-
grundtfest.
Fol.119.a.b

ANn die Wirttenbergischen/ Brentius/ Jacob Andree/vnnd jr anhang/beschreiben gemeltes sitzen Christi zur rechten seines Vat-

D iij   ters

Grundtfest new angerichter

ters also / daß es / so man aigentlich reden wölle/
nichts anders seye/ dann mit dem Sohn Gottes
verainiget seyn / vnnd daß die menschheit Christi
zur rechten des Vatters schon sey gesetzt / so bald
sie in Mutter leib empfangen sey.

Grundfest
fol. 119.

Die Wittenbergischen aber können vnd wöllen dagegen dieses Gemelten Predicanten keines
wegs zu vnd nachgeben / dann es sey je gestracks
wider die ordnung des Artickel des Christlichen
Glaubens/vnd wider die offenbarlichen gezeug-
nuß der H.Schrifft/wölche sagen/daß Christus
habe müssen durch sein leiden inn die herrligkeit
des Vatters eingehn/ vnd daß er sich zur rechten
des Vatters gesetzt/ nach dem er die rainigung
von allen sünden durch sich selbs vollendet / vnd
nach dem er gen Himel auffgefahren sey.

Warnung.

GEmeinigklich geschicht 'es / Christlicher Le-
ser/daß / was einer dem andern wünschet
vnnd wahrsaget / das geht an seinem Hals
selbs auß / nach des heiligen Propheten wotten:
Er hat auffgethon die Wassergruben/vnd auß-
psalm.7.
graben/ vnnd ist gefallen in die Gruben die er gemacht hat. Eben diß widerfehrt jetzt den Lutherischen Predicanten auch / besonder aber dem
Schmidelino/der hat im lang propheceyet/Gott
werde

werde die heilig/jmmerwerend/Catholisch vnd
Apostolisch Kirch dermassen zerschmeissen / jhr
den kopff abreissen/ arm vnd schenckel zerschmet=
tern/daß alle Scherer vnd Balbierer jr in ewig=
keit nimmermehr helffen sollen/ꝛc. Da man aber
jetzund recht zusihet/ so ist der Schmidel eben an
seiner newen / vor fünfftzig Jaren vnbekandten
Lutherischen Kirchen selbs / dann derselbigen/
vnd mit der Catholischen/ ist der Kopf (die Augs=
spurgisch Confession) schon abgerissen/ Arm vñ
Schenckel (Wittenberg vnd Leiptzig) allberait
zerschmettert/ also vnnd der gestalt / daß/ wann
gleich alle Predicanten vñ Superintendentẽ/ Do=
ctor vnd Apotecker/ Scherer vnd Balbierer/ Las=
ser vnd Bader/ Zanbrecher vnnd Driakesmän=
ner mit allen jren Salben/ Puluer/ Pflaster/ Pillu=
len vnd Syrupen jr wolten helffen / so müsten sie
doch all an jr desperieren vnd verzagen. Ey was
wilt du dañ lieber Christ fortan bey jr thun? Ge=
selle dich derwegen viel mehr wider zu der alten/
wahren/ rainen/ vnd gesunden Religion/ wilt du
anders nit auch an der Lutherischen kranckheit
ewigklich mit den Predicanten sterben.

(right margin:) In seiner vorlegung der vrsachen inn der vorred.

(right margin lower:) Lutherische kranckheit vnainigkeit.

VIII.

Die acht vnainigkeit ist von der erhö=
hung Christi / zwischen den Wittenbergischen
vnd Wittenbergischen.

Dann

Grundtfest new angerichter

Wittenber.
in jrer grunt
fest. fol. 119.a
Anno 74.

Ann vorgenandte Wittenbergische Predicanten verstehen die Sprüche von der erhö-
hung Christi / nicht von der person im Kö-
nigklichen vnnd Priesterlichen ampt/ sonder deu-
tens allein auff die menschheit.

An erst ge-
sätztem ort.

Dises aber können die Wittenbergischen inn
jrem Kopff nicht finden/ sonder haltens für neu-
we/ frembde/ vnnd gesehrliche auflegung/ durch
wölche die zeit der ernidrigung Christi vnd seiner
erhöhung/ nicht richtig vnderscheidet werde.

Warnung.

Witteberg.
von irem Ca-
techismo.
D D.D.iff.
Joan. 11.

Warumb
nit auch an
seiner Kir-
chen.

ES schreiben ja Propheceyen die Wittenber-
gischen/ andechtiger Leser/ gleich wol wider
jhr wissen/ wie Caiphas/ die mutwilligen lesterer der warheit (verstehe die Jhenischen / vnd
andere Flacianer) werden an dem Eckstein Christo den Kopff zerstossen werden / so wol als alle
alte Ketzer zu allen zeiten den Kopff daran zerstossen haben. Dise jhre Prophecey wird jetzund
zwar/ doch nicht allein an den Flacianern / sonder eben auch an jhn den Wittenbergischen klärlich erfült / Dann sie bayde mit einander haben
schon an Christo/ vnnd seiner heiligen Kirchen/
jre Köpffe dermassen zerstossen vnd zerknist/ daß
sie selbs all duñ vnnd tholl darob seind worden/
deß

der geſtalt/daß ſie nun mehr nimmer wiſſen/was
ſie thun oder glauben/wie dann jre aigne vnauf-
hörliche/leſterliche/ vnd holhippiſche Schrifften/
deren du allhie allein ein kurtzen außzug haſt/vil-
fältig vnd gnugſam außweiſen. Ey was wilt du
dann O hertz frommer Chriſt/ bey jhnen fortan
thun. Begibe dich derhalben vil mehr wider zu
der wahren/ ainhelligen Kirchen Gottes/damit
du nit etwa auch mit jnen den Kopff an jhr zer-
brecheſt.

IX.

Die neundt vnainigkeit iſt von wegen
der Vbiquitet vnd Allgegenwertigkeit Chriſti/auch
nach ſeiner menſchlichen Natur/zwiſchen
den Wirttenbergiſchen vnd
Wittenbergi-
ſchen.

DAnn die Wirttenbergiſchen Predicanten/ Recog. Brent.
Brentius/Schmidelinus/vnd jre Jünger/ Fol.29. 41.
ſtreitten ernſtlich/Chriſtus der Herr ſey nach 116.
ſeiner Menſchheit nicht weniger/ als nach der
Gottheit/an allen orten/vñ alſo auch im Abend-
mal/ ehe vnd die wort der einſetzung diſes hoch-
würdigen Sacraments des Altars geſprochen
vnd gehalten werden.

Diſes aber halten die Wittenbergiſchen für Grundtfeſt
E   geſehr- fo.116.

Grundtfest new angerichter

gefehrliche harte reden / so sie nicht gut haissen /
noch billichen / viel weniger denselbigen sich anhengig machen können / sintemal sie newe / frembde / irrige / ketzerische mainung vnd grobe jrrthum
in sich haben vnd fassen.

Warnung.

WO nun aū du fromer auserwölter Christ?
Dann merck vmb Gottes vnd deiner lieben
Seel hail willen merck.

Helst du es mit den Brentianischen vnnd
Schmidelinischen / so kommest du vmb die aller
heiligisten wort der einsetzung diß hochwürdigi-
sten Sacraments des Altars: Hoc est Corpus me-
um, Hic est Sanguis meus, Das ist mein Leib / das
ist mein Blut / dann genandte Predicanten offentlich fürgeben / Christi des Herren Leib sey an allen
orten gegenwertig / auch vor vnd ehe vnd gemelte wort der einsetzung gesprochen vnnd gehalten
werden / dardurch sie dann vnserm lieben Herren
seine heilige wort zunichten machen vnnd verwerffen / Dann wann diß falsch wäre / sihe / so
dürfft man der wort Christi der einsetzung gar
nichts / wenn Christus schon zuuor hiegegen / wie
dann eben gemelte Predicanten auch der vrsach
halben noch vber das / der Catholischen Consecration (allein weil sie Christi wort der einsetzung
in diß

Sacrilegiū Brentij vnd Schmidelini

Die Brentia-nen machen Christo seine wort zu einer Taschen.

in diser Action vnd brauch dises H. Sacraments
auß Christi befelch gebrauchen) ein abgöttische Recog. Brem.
vnd zauberische Consecration vnd segnung heis- iij. Fol. 116.
sen. So höre ich wol Christus der Herr muß jnen
auch ein zauberer gewest seyn/ dann die Catholischen in der warheit nichts anders thun/ als Chri
stus der Herr selbs gethon hat. Das kan aber ein Gottsleste-
grewliche/ vnerhörte vnd erschröckliche Gottsle- rüg der Bre-
sterung sein/ an jnen den Brentianen vñ Schmide tianen.
linern. Helstdus aber mit den Wittenbergischen/
sihe so must du Christum den Herrn inn Himmel Catech. Wittē.
gar einsperren/ vnd darinnen biß an jüngsten tag de ascen. Chri-
gefangen haben/ dardurch du dann nicht allein sti q. vbi extat
fol. 72. Ast. 7 i
vmb die wort der einsetzung/ sondern auch vmb lat. ed.
Christum den Herrn selbs im H. Sacrament gar Sacrilegium
kommest. Ey wie kanst oder magst du dann bey Wittenbergē.
den verkerten leuten weiter bleiben.   Thu dich
demnach wider zun Catholischen/ so bleiben dir Jenische inn
Christi wort/ vnnd Christus der Herr selbs im H. der warnüg.
C. ij.
Sacrament gantz vnd vnuerruckt/ wie die Jeni- Witteberg.
schen vnnd die Wittenbergischen selbs bezeugen von jrem Ca
vnd bekennen. techismo.
Fol. 198.

X.

Die zehend vnainigkeit ist widerumb
von der Vbiquitet/ ob sie nemblich ein Artickel des
Glaubens sey/ zwischen den Wirttenbergischen vñ Wittenbergischen.

E ij   Dann

Grundtfest new angerichter

Dann der Wirttenbergisch Brentius vnd seine Schüler / als Jacob Andree / vnd andere / wöllen trawen ein Artickel des Glaubens auß der Vbiquitet haben vnd machen.

Darwider aber seind die Wittenbergischen gar grimmig / die Vbiquitet vnnd Allenthalbenheit Christi könne jha kein Artickel des Glaubens seyn / dieweil ein Artickel des Glaubens erfordere ein πληροφορίαν vnd ἔλεγχον, das ist / ein gewisses / standhafftes / vngezweiffeltes vertrawen vnnd wissenschafft. So es aber mit der Vbiquitet nach des Kemnitij mainung (wölcher den Wittenbergischen vnnd Jhenischen / wo es jhme nur müglich / zwar gern wolte helffen) also geschaffen vnnd gethon / daß es haisse : Abundet quisq̃ suo sensu, Es mögs ein jeder glauben oder nicht / oder hierinnen halten was er wöll / so könne auch die Allgegenwärtigkeit kein standhafften grundt haben / vnd demnach kein Artickel des Glaubens seyn.

Warnung.

Es schreibet Martin Luther / hertz frommer Christ / es seyen noch nie keine Ketzer mit gewalt oder hinderlist vberwunden worden / sonder allein / daß sie vnder einander der sachen selbs vneins worden seyen. Es streitte auch Christus

ſtus nicht anders mit jhnen / dann daß vnder ſie
komme ein ſchwermeriſcher zwitrechtiger Geiſt/
wie vnder den Burgern zu Sichem geſchehen/
vñ vnder den Bawleuten die den Thurn zu Babel Baweten/vnnd im Newen Teſtament vnder
die Arianer/Donatiſten/Pelagianer/vnnd dergleichen mehr/ jha auch die Juden inn der letzten
zerſtörung vnnd verwüſtung ſeyen durch zwitracht vnnd vnainigkeit vmbkommen. Biß hieher Luther: Wölches trawen hohe warhaſſtige
wort ſeind/Gott gebe man ſage ſonſt vom Luther was man wölle/ dann es eben an jn den Lutheriſchen Predicanten auch wol ſchein iſt/ vnder wölche Gott der allmechtig auch alſo jetzund
Schwermergeiſter ſchicket/vnd mit jnen ſtreittet/
gleich wie Luther ſagt / damit nun fortan die
gantze/ weite/ braite Welt nicht mehr zweiffel/
ſonder wol wiſſe vnd feſtigklich glaube/ſie ſeyen
eben die falſchen Propheten vnnd Ketzer/darvor Matth.7.24
vns Chriſtus der Herr/ vnd Paulus warnen im Tit. 3.
heiligen Newen Teſtament. Was wilt du dann
O lieber Chriſt/weils die geſtalt mit jn hat/wei-
ter bey jhnen ſchaffen?Der Ketzergeiſt friſt war- 2.Tit.2.
lich vmb ſich wie der Krebs. Wann du dich derwegen nicht bald wider zu den Catholiſchen begibſt / ſo iſt höchlich zubeſorgen / er möchte auch
an dich gelangen vñ ſpringen/ dz laß dir ein warnung vñ witzung ſein.   E iij   Die

XI.

Die ailfft vnainigkeit iſt auch von der

Vbiquiter/ob ſie nemlich ein grundt der gegenwart des
Leibs Chriſti im Sacrament ſey/zwiſchen
den Wirttenbergiſchen vnnd Wittenbergiſchen.

R cc o g. Brent.
Fol. 116.
Wittenber-
ger in ihrer
grundtfeſt
von der per-
ſon Chriſti/
Fol. 107.114.
vnd 116.

WElches zwar die Wirttenbergiſchen Predi-
canten/ nach des Schwenckfelds Geigen vn
klang ſtreitten/vnnd die Vbiquiter zu einem
grundt vnd beweiß der wahren gegenwart des
Leibs Chriſti im Sacrament gebrauchen vnnd
führen.

Am erſt ange-
og nem ort.

Diß aber können die Wittenbergiſchen an
jnen dem Brentio vnd Schmidelino nicht billi-
chen/dann es ſeyen vnerhörte/ gantz newe vnnd
frembde gründte der gegenwart des wahren
Leibs vñ Bluts Chriſti/ſo in diſputationibus der
Vbiquiter gar nicht zuſuchen/weil ſie die gemelte
wittenber.
in der grunt-
feſt. Fol. 108.
gegenwertigkeit gar nicht probieren / ſonder viel
mehr die gantze lehre vom Nachtmal des Herren
vmbſtoſſen vñ zu nichten machen/Verwundern
ſich derwegen zum höchſte/dz man die Schwenck
feldiſche jrrthumb darmit beſchönen darff/ als
möge ohne dieſelben der Artickel von der gegenwart des wahren/weſentlichen Leibs Chriſti im
Abendmal nicht erhalten werden/ Jha beklagen
ſich entlich / daß es nun ſey vilen dahin ſoll kom-
men/

men/daß man die lehre vom H. Sacrament des
Leibs vñ Bluts Christi/auff newe erdichte/frem=
de/vnd gefehrliche verfälschung der Artickel vn=
sers Christlichen Glaubens gründe/vñ die Christ
liche gemainden von der stifftung vnd einsetzung
des Testaments Christi / vnnd von den worten
der verheissung Christi abfüre/dahin man doch
als zum rechten grundt sich halten/vnnd darauß
von der gegenwärt Christi im Abendmal hand=
len solte.

Warnung.

WOlan/treuer Christ/wölcher mainung wilt
du aber beyfallen vñ zuspringen auch in die=
ser widerspennnigen lehre:oder wer mainst
du wirdt doch hindennach dises so vilfältig grei=
nens vnd zanckens/zerruttungen vnd spaltungen
ein anfenger seyn:der H.Geist wirds warlich nit
seyn/dann derselbig lehret alle warheit vnd liebe/ Johan. 14.
bey wölchem vnainigkeit vñ hadern nit stat mö=   vnd 16.
gen habē.So ist Gott nit ein Gott der zwitracht/ 1.Corint. 14.
sonder des frides:Ey wer muß dann seyn ? Lu=
ther zaigt jn selbs an vnd sagt/ der Teuffel sey es Luth.lib. 2.
selbs.Wann dañ die zwitrechtigen Lutherischen cont. Zwing.
Predicanten so ein feinen Schulmaister haben/ q. 1.
ey so gehe der Schinder zu jn in die Schul/Das Item in li.cont.
merck frommer Christ/vnnd hüte dich vor einer Episcopum
solchen vnseligen Schul.   Missenum.
                                                      Die

XII.

Die zwölffte vnainigkeit ist von der
rechtfertigung eines armen Sünders vor Gott/
zwischen den Wittenbergischen
vnd Jenischen.

*Wittenber.
von jrem Ca
techismo.
Fol.159.
Item in Catec.
lat. zwitten.
Psl. 108. de
pænitentia.*

DAnn die Wittenbergischen beschreiben die
Rechtfertigung also/daß der Sünder vor
Gott gerecht werde durch die genedige annemung oder versönung mit GOtt/ von wegen
des verdiensts Christi/ vnnd seyn des Sünders
Geistliche bekerung/ernewerung/ vnd newen gehorsam. Vnnd diese bayde stuck Reconciliatio &
Renouatio,seu noua obedientia, die versönung vñ
vernewerung/ oder der new gehorsam/ gehören
jnen den Wittenbergern also zusamen/ daß sie in
der Rechtfertigung des Menschen nimmermehr
können gescheiden vnd getrennet werden.

*Jentsche inn
der bekandt-
nuß von der
rechtferti-
gung.A. 4.
B. 1.*

Die Flacianer aber/als die Jhener/Braun-
schweiger/vnd andere jre Sectgenossen beschreiben hergegen die rechtfertigung des Sünders also : Daß sie nemlich seye die gnedige zurechnung
des verdiensts/ leidens vnnd gehorsams Jhesu
Christi/ohn alle vnsere werck vnnd zuthun/man
sage gleich von vorgehenden / miteinfallenden/
oder nachfolgenden wercken/ allein durch den
Glauben an Christum. Vnnd derowegen gehöre
der

Lutherischer ainigkeit. ZI

der new gehorsam (noua obedientia) gar nicht in
das Reich Christi / sonder vil mehr inn die Welt.
Vnnd dise jre Beschreibung halten sie / die Flacianer / für lauter eingeben des H. Geists / dabey sie
vermittelst Göttlicher gnaden / gedencken zublei-
ben / biß in jhr Grube / Herwider der Wittenberger Definition für lauter jrrthumb / wölche sie nit
Billichen noch annemen können.

In actis Collo-
quij Altenbur.
Wittenber.
in der vert
antwortung
irs Catechis
mi. Fol.197.
Jenische von
der rechtfert
tigung. C.2.
E.4.

Warnung.

MIt wölchem theil wilt du es aber / O frommer Christ / haben? dann sie jhe baid nicht
recht oder wahr können seyn / dieweil sie lauter Contradictoria, vnd einander gestracks zuwider seyn. Wer will dir aber sagen / wölliches die
recht sey / weil Baydes theil dem andern sein mainung für falsch vnd vnrecht verwirfft vnd verdampt / die sein aber für recht / vnnd einsprechen
des H. Geists erkent / so sie doch bayd falsch vnd
vnchristlich seind / inn dem die Wittenbergischen
der Pelagianer mainung offentlich versprechen /
do sie den natürlichen kräfften vil zuuil zumessen /
der gnaden Gottes aber vil zu wenig / wie in der
14. vnainigkeit ausführlicher zulesen / Die Jhenischen aber gegen den gemelten kräfften / vnd dem
Freyen willen / in der rechtfertigung des sünders

Wittenber-
ger seind pe-
lagianer.

F   gar

Grundtfeſt new angerichter

gar nichts zu/auff Manicheiſch. Laite dich derhalben O frommer Chriſt auff wölche ſeitten du wilt/ ſihe ſo felſt du inn ſchwere/alte/verdampte irrthumb vnnd ketzerey/wie vil beſſer aber wäre es dir/ du kehreſt wider zur Catholiſchen Religion/ do der ſachen nicht zu vil noch zu wenig/ſonder eben recht gethon wird/ dann die Catholiſch Kirch allzeit das medium helt/ vnnd das mittel trifft/ wölches in allen dingen das beſt vnd wegſte iſt.

Die Jeniſchen ſeind Manicheer.

XIII.

Die dreitzehend vnainigkeit iſt von guten wercken/ zwiſchen den Wittenbergiſchen vnd Jheniſchen.

Vuitten. in Catech. de Sacrament. Fol. 123 Vuitt. in Cate. de pœnit. Fol. 112. edit. Witenb. An. 71. Wittenberger in ihrer grundtfeſt von der perſon Chriſti/ N. petreius inn ſeiner wart sung.

Ann die Wittenbergiſchen ſchreiben vnnd wöllen/ alle gute werck der Heiligen/ ſeyen Gnaden vnd Danckopffer.

Item/ ein Gotsdienſt (Cultus Dei) der Gott gefalle.

Item/ man ſeye notwendig gute werck zu thun ſchuldig.

Dann Gott wölle vnd werde vns am jüngſten tage nach vnſern WERCKEN geben vnd vergelten/ nach inhalt H. Göttlicher Schrifft/ Matth. 16. da geleſen: Es wird je geſchehen/ daß des menſchen Son komme in der herrligkeit ſeines

Vatters

Vatters mit seinen Engeln/ als dañ wird er vergelten einem jeglichen nach seinen wercken. Vnnd zum Römern am z. Er wirt geben einem jeglichen nach seinen wercken: Wañ derwegen einer gleich der sich zu jetzt gemeiter lehre bekenne/ vom Flacianischen gesind/ für ein Schwermer gehalten/ ja durchketzert vnnd durchgescholten werde/ so lige doch gar nichts daran.

Dann es sey je für erst die lauter/raine/Himlische warheit. Johan petreius an gemeltem ort.

Fürs ander/ werde hiemit der lehre Christi/ so er sonst führe/nichts Benomñen/ Als do er spreche: Alle die an jhn glauben/ sollen nicht verloren werden. Joan. z.

Fürs dritt/ wenn obgesetzte lehre von guten wercken als Bald ketzerey oder schwermerey seyn soll/ so werden sein Christus der Herr vnd Sant Paulus selbst nicht vberhaben seyn/ sonder müssen auch zu Ketzern vnd Schwermern werden: Demnach seien vnd Bleiben die guten werck noch zur seligkeit nötig. Jenische Bekäntnuß võ guten wercken.Anno 64. L.4.

Die Jenischen aber/Brunschweigischen vñ andere der Flacianischen rott/ schetzen vñ halten obgesetzte der Wittenberger lehr von guten wercken für jrthumb/ so sie nicht rechtfertigen noch annemen können/daß nemlich gute werck zur seligkeit nötig. Item/ daß inn der Rechtfertigung Jenische an erst gemeltë ort.

F ij　　eines

Grundtfest new angerichter

eines armen ſünders voꝛ Gott/vnſere gute werck
notwendig/gegenwertig/vnd dem Glauben zu-
gethon ſeyn ſollen/Man ſage darnach gleich von
voꝛgehenden/miteinfallenden/oder nachfolgenden wercken/dann diſe verwerffen die Jeniſchen
Flacianer alle auff ein hauffen.

Jeniſche Be-
kantnuß. B.

Warnung.

Wie hat vns demnach Chꝛiſtus der Herr
ſo gar trewlich voꝛ den verwechſſelten leuten gewarnet/als er geſaget: Laſt ſie fah-
ren/ſie ſeind blindt/vnd blindenfürer/wenn nun
ein blinder den andern laitet/ſo fallen ſie bayde
inn die Gruben. Eben diß begegnet auch den Il-
lyriſchen Predicanten/dann gleich ſie dieſe blin-
ben vnnd blindenlaiter ſeind/von wölchen Chꝛiſtus hie redet/weil die vergeſſene leut gerad inn
dem Tractetlein/darinn ſie ſolches auff das hefft-
tigſt treiben/wider ſich ſelbs / vnd jhr gewiſſen/
auch vnwiderſprechlich ſchreiben vnd ſetzen/Au-
guſtinus habe wol vnd recht gelehꝛet: Bona ope-
ra non præcedunt iuſtificandum, ſed ſequuntur iu-
ſtificatum, Das iſt: Gute werck gehn nicht voꝛ der
rechtfertigung her/wie ſie es dolmetſchen/ſonder
folgen deme nach/der gerechtfertiget iſt. Das
müſſen aber je verwirꝛte vnd verjꝛꝛte leut ſeyn?
Dann

Matth. 15.

Dann sihe vmb Gottes willen du frõer Chrift/
erft jetzund verftoffen fie alle vorgehende/ mitge-
hende/vnd nachgehende/ oder nachfolgende gute werck von der rechtfertigung/ Bald aber laffen
fie die nachfolgenden widerum̃ mit dem H. Au-
guftino nu von hertzen gern paffieren vñ folgen.
O wehe derhalben/vnd aber wehe / vnd jmmer
wehe der frõmen Hertſchafft/ Fraw vnd Man̄/
Weib vnd Kind/Witwen vnnd Waifen/die fo
ſchãndlich vnd erbãrmlich von den Sectiſchen
Schwindelgeiſtern hin vñ wider im Labyrinth/
vnnd am Narrenſeil werden vmbgefũrt. Demnach flihet vnd meidet doch letztlich / O jr frommen Teutſchen/vmb Gottes/ vnd ewer Seelen
hail willen/ainmal die Ketzer / vnd alle verfũrer
des volcks/nach dem newen vnd hailſamen rath　Matth. 7.15
Chriſti des Herren/vnnd des H. Apoſtels Pauli/　vnd 24.
dann jr je bey jnen kein gewiſſen grundt noch Be-　Titum 1.
ſtandt der lehre weder habt noch findt/vil weniger haben oder finden werd in ewigkeit/ weil jhr
Bald ein ding mũſt iuſtificieren vnd loben/das jhr
allererſt habt mũſſen auff das hinderſt leſtern vñ
ſchelten/ wie allein inn angezognem Exempel ge-
nugſam zuſehen vnnd zuleſen. Nicht genug aber
ſeind die Flacianiſchen Schwermer an gerũrter
vnchriſtlichen vnd vnapoſtoliſchen lehre von guten wercken erſãttigt/ ſonder ziehen vnnd gieſſen

F iij　auch

Grundtfeſt new angerichtt

auch vber das noch vil vnchriſtlichere vñ Gotts-
leſterlichere reden vnd lehre von jnen auß. Dann/
sagen ſie / einem Chriſten ſeyen gröſſere gefahr
von guten wercken/als von böſen wercken/dann
gute werck werden auf gelaſſen auß dem Artickel
vnd Actu der Iuſtification, dargegen aber ſo ſeyen
Sünde/vnd vergebung der Sünden/ Correlatiua,
da eines notwendig müſſe bey dem andern ſeyn.
Demnach wache doch auff du edle teutſche Na-
tion / es iſt wol an der zeit / wilt du ſelig werden
bey ſolchen erſchröcklichen vnnd grauſamen zerrüttungen der Lutheriſchen Predicanten.

Wittenber.
in jr grundt-
feſt von der
perſon Chri-
ſti. Fol. 6.
Illyriſche
Gottßleſter-
rung.

Matth. 24.
vnd 25.

XIIII.

Die viertzehend vnainigkeit / iſt vom
Freyen willen/zwiſchen den Wittenbergiſchen
vnd Jheniſchen.

Jeniſche inn
der Bekandt-
nuß vom frei-
en willen. An
no 70. J. iiij.
Pfeffing. pro-
poſ 13.16. 34
Maior Homil.
ſuper epiſtolam
fer. 3. Pentec.
Philip. in locis
ferè poſtremis,
Lipſiæ, Anno
50. excuſis,
fol. 83.

Ann die Churfürſtlichen Sächſiſchen Theologen ſchreiben/halten/ glauben vnd Bekennen noch heutiges tages vnuerholen vom
Freyen willen/wie folgt.

i.

Das nemlich fürs erſt der natürliche/fleiſch-
liche/oder Adamiſche menſch / könne auß natürlichen / angebornen Kräfften/inn ſeiner ſelb Bekerung oder Widergeburt/ die Geiſtlichen ſachen/
Gottes

Gottes ehr vnd der Seelen hail vnd seligkeit betreffend/betrachten/denselbigen fleissig nachdencken/versehen/ergreiffen vnd annemen.

2.

Item/ daß fürs ander inn vns etwa ein vrsach sey/ warumb etliche der gnedigen verhaissung assentirn/vnnd dieselbigen mit Glauben annemen/etliche aber nicht.

3.

Item/ daß fürs dritt drey würckende vrsachen seyen Beyeinander vnd zusamen kommen in vnser Bekerung zu Gott vnnd Widergeburt/ als nemlich/ Erstlich der H. Geist der da bewögt. 2. Das gepredigte vnd gehörte wort. 3. Vnnd vnser wille/ der dem wort mit assensu beyfalle/ vnd dasselbige anneme.

4.

Item/ man solle fürs vierd inn vnser hailsamen Bekerung oder Widergeburt/ dem H. Geist primas partes, den vorzug oder fürnembste würckung: Secundas veró partes, die ander würckung aber/oder den andern theil der würckung/ soll man der krafft vnd dem vermögen des natürlichen willens/ so der mensch auß Mutter leib mit sich auff die Welt gebracht/vnnd noch nicht widergeborn ist/zueigen/ geben vnd lassen.

Item/

Act. Synod. fo.
179. 126.
Eberus auff
ein Frag die
andri.
Lasius in pre
libatio.
Crell. An 64.
Petreius inn
seiner warnung. E.ij.
Witten. in Catec. de decal.p.
Pfeffin pro.17
Maior 3. par.
Homil.
Philip. in locis.
tom. 1 fo. 162
Petreius inn
der warnüg.
ihen. Art. 13.
Pfeffin. prop. 8
Philip. in locis.
petreius inn
seiner warnung. E.i.
Ien. 3 .corrup.
Antith. 14.
Examen Phil.
An. 70. Vuitenberg C.3.
Pfeff. prop. 34
Lasius in sei
ner floßbuß.
C.ij.
Ien 4 corrup.
Antith. 15.

5.

Item / der Frey wille ſey fürs fünfft ein facultas oder vermügen/ſich zur gnad zu applicirn/zuſchicken/vnd vnd zubereiten.

Philip. in locis tom. 1. fo. 107 lhen 5. corru. Antith. 12.

6.

Item / fürs ſechſt / habe ſich der Adamiſche/oder natürliche wille/wie er von Vater vñ Muter herkompt/nicht aller ding pasſiue in der Bekerung oder widergeburt des Menſchen / ſondern könne auch zum wenigiſten etwas auß natürlichen angebornen kräfften/mit vnnd neben Gott würcken.

Pfeffin. pro. 17 Maior. 3. p. epiſt. ff. 8. fol. 407. Crellius in reſponſi. An. 64. Vuittenberg. Grundfeſt. 4. Catech. lat. de pœnit. An. 71. Ien. 6. corrup. Antith. 10.

7.

Item / des menſchen natürlicher wille habe fürs ſibend nicht vnnd bey ſich die vnuermögenheit/oder vil mehr Boßheit / wölche Geiſtliche ſachen für thorheit hielte/vnd der würckung Gottes in der widergeburt/ der verderbten vnd verkerten art nach/widerſtrebet.

Maior. 3. par. epiſt. fol. 408. Crellius. Wittenber. in irer grunt feſt. fol. 4. Anno 71. Ien. 7. corrup.

8.

Item/Luther habe fürs acht ſein Buch vom Freyen willen retractirt/widerruffen/vnnd ſeine mainung / als ſolt der menſch/ehe er widergeboren/gantz vnd gar keinen Freyen willen in Geiſtlichen ſachen haben/weil ſie inn etlichen ohren zu hart klinget/geendert.

Das iſt der Churfürſtlichen Sächſiſchen Theo⸗

Laſius in ſeiner Kloßbuß. Petreius inn ſeiner warnung/Anno 71. C. ij. Ien. 8. corrup.

Theologen mainung vom Freyen willen / so sie
Bißhero etlich Jar verfochten / vnd noch auff die
stund verfechten / allein dz die jetzige newe Theologen zu Wittenberg / vnnd sonsten erst auff ein
nagelnewes auch noch vber das wöllen vnnd
streitten / es seye des Menschen wille nicht allein
auch in der Bekerung des menschen / sonder müsse
auch dabey vnnd verhanden seyn / damit er die
verhaissene genad anneme / vnnd nicht von sich
stosse / demnach sey er des Menschen Wille nicht
gar müssig in der Bekerung / sonder greiffe zu vnd
neme die angebotne gnad an.

Förchten sich auch gar nicht / noch vber das
so sie von des Luthers widerruff oben gesetzt /
ferner zuschreiben / sie lehren hiemit nichts anders
dann Lutherus gelehret habe. Item / was Philippus habe vom Freyen willen geschriben / das
habe er bey leben Lutheri geschriben / vnnd er der
Luther habs stehen lassen. Was nun Lutherus
habe stehen lassen / das kündte man fürwar jetzund auch stehen lassen / dann wir jetzo fürwar
nicht klüger seyn / dann Lutherus gewest sey. Dise der Wittenbergischen / vnd andern Churfürstlichen Theologen wille vñ mainung vom Frey-
en willen / habe ich auß jhrer der Wittenberger
Grundtfest vnd Catechismo zum theil / zum theil
aber auch auß der Jhenischen Bekandtnuß vom

Wittenber.
grundtfest.
fol.5.An.71
Petreius inn
der warnung
E.1.An.71.

Petreius vt su-
pra.E.iij.

Petreius E.ij.

G   Freyen

Grundtfest new angerichter

Freyen willen/ vnd Johannis Petreij warnung
faſt von wort zu wort/ wie angezaigt/ auß vnnd
abgeſchriben. Wo mir derhalben einer nit glauben geben wolte/ den bitt ich/ er wölle genandte
Bücher leſen/ ſo wird ers alſo befinden warhafftig vnd vnbetrüglich.

Die Fürſtlichen Sächſiſchen Theologen
Jeniſche inn
jrer bekant-
nuß vom
Freyen wil-
len.B.iij. aber halten hergegen hierin gleich das Contrarium vnd widerſpill/ in dem ſie ſich auch noch heutiges tages außtrücklich erklären/ daß ſie des Luthers lehre vom Freyen willen/ wölche von jme
im Buch de ſeruo arbitrio wider Eraſmum, Vnd
in der außlegung des erſten Buchs Moſis/ vnnd
ferner in andern ſeinen Büchern vnd Schrifften
dargethon/ annemen/ billichen/ vnnd gewiß dar-
für halten/ daß ſolche lehre vnd mainung Doctor
Luthers/ mit dem ewigen vnnd warhafftigen
wort Gottes vberein treffe vnd gleich ſtimme.

1.

Ihenenſ. vt ſu-
prs.B.iij.
Glauben vnd bekennen demnach mit Luthe-
ro/ on alle vmbſchwaiff/ deutlich vnd außtrück-
lich/ daß neinlich fürs erſt des menſchen wille/ ſo
C. iij. noch nicht widergeborn/ auß ſeinen aigenen natürlichen Adamiſchen kräfften/ aller ding vnnd
gar nichts guts/ weder vil noch wenig/ in Göttlichen oder Geiſtlichen ſachen/ Gottes ehr/ vnnd
der

der Seelen hail vnnd seligkeit betreffend / neben
vnd mit Gott thun/vnd mitwürcken könne/also
könne er das gepredigte vnnd gehörte wort Gottes mit hailsamer vehigkeit/keines weges verstehen / auch keines wegs fassen / ergreiffen / im ap-
plicirn sich festigklich vnnd tröstlich darauff ver-
lassen/oder mit glauben annemen/es sey denn daß
sein wille new geborn sey.

2.

Item/fürs ander glauben vnnd bekennen sie Ienenses vt so
auch die Fürstlichen Sächsischen Theologen prä.C.
vom Freyen willen/daß des natürlichen vnnd
noch nicht widergebornen Menschen Wille seye
Gott feind vnd zuwider.

3.

Item/daß fürs dritt die menschen mit jhren Ihenenses.D.
natürlichen kräfften gefangen seyen/des Teuffels
aigen/vnnd der sünden knecht/wölche auch auß
aigen kräfften in Geistlichen sachen in ascensu vñ
annemung derselben nichts verstehen noch mitwürcken können/ wo sie nicht new geborn seyen.

4.

Item/daß fürs vierdt der vermainte Freye Ihenenses.E.
wille/dann also pflegen sie von jhme zureden/
G ij könne

Grundtfeſt new angerichter

könne vnnd vermöge nichts anders/dann die genad des H. Geiſtes verachten vnnd verſtoſſen/ weil er ins Sathans Reich vnd gewalt ſey.

5.

Jhenenſes. E.

Item/ daß fürs fünfft die natürlichen kräfften der Menſchen / ſo noch nicht wider geboren ſind/dem H. Geiſt widerſtreben.

6.

Jheniſche vß freyen willẽ. LV. iij Item / In ihr warnũg vor dem Wittenbergiſchen Catech. B. Jheniſche vß freyen willẽ. E. iiij. F. iiij.

Item/dz fürs ſechſt ein vnuerſchampte landlüge ſeye/ daß Luther ſein mainung vom Freyen willen ſolle reuocirt vnd widerrufft haben.

Verwerffen vnd verdammen ſie derhalben fürs ſibend in Summa ſummarum/alle obgeſetzte lehre der Churfürſtlichen Sächſiſchen Theologen vom Freyen willen/ als lugen vñ irrthumben/Corruptelen vnd verfelſchungen.

Warnung.

Actorum 4. 1. Corinth. 11. Epheſ 4 Roman. 14. 1. Corinth. 7. 2. Timoth. 2. Zach. 8.

DEmnach wache auff du edle Teutſche Nation/es iſt ja wol an der zeit/wilt du anderſt Bey ſolchen grewlichen zertrennungen ſelig werden / dann je die rechtglaubig Kirch Gottes den brauch vnd die gewonheit nit hat zu hadern vnd zu zancken/ wie man an vilen orten inn heiliger Göttlichen Schrifft klar vnd außtrücklich liſet.

set. Vnd weil dann eben baide Chur vnd Fürst=
liche Sächsische Theologen disen brauch zu grei=
nen vnnd zancken nün rechtschaffen haben/vnnd
vnuerborgen inn vielen fürnemen Artickeln des
Glaubens füren / ey so gibe ichs auch menigklich
selbs zuerkennen/vrtheilen/vnnd zutreffen/ob sie
das wahr liecht des Euangeliums vnnd Glau=
bens haben. Dann wie ist es nur müglich daß sie
es haben/die in diser ainigen materi vom Freyen
willen / mit jrem vnauffhörlichem zancken vnnd
hadern/dermassen erst widerumb auff ein nagel=
newes inn einander gewachssen vnnd gerathen/
zerrütt vnd zertrent/verwirrt vnd verirrt seind.

Das baydes theil einander verstost vnd ver=   1.
dampt.

Baydes theil sagt/sein lehre seye das pur lau=   2.
ter wort Gottes.

Baydes theil probiert sein lehre auß H. Gött=   3.
licher Schrifft/ Gott waist wie.

Baydes theil zeicht einander / sie verfelsche   4.
die H. Schrifft.

Baydes theil berüfft sich auff die Augspur=   5.
gisch Confession.

Petreius inn
der warnüg.
D. iß.

Baydes theil zeucht vnnd Citiert auff seiner
seitten für sich die Augspurgisch Confession.   6.

Ihe ein theil beschuldiget den andern/er ver=   7.

G iij   felsche

felsche die Augspurgisch Confession/ vnd mache
sie zum höchsten falscher lehr verdechtig.

8.   Je ein theil klagt den andern an/ sein lehr seye
ein lauter Corruptel vnd verfelschung.

9.   Je ein theil zeicht den andern/ sein lehr sey ke=
tzerey vnd jrrthumb.

10.   Je ein theil bezüchtiget den andern/ sein lehr
sey ein blasphemia vnnd Gottflesterung/ so vom
Teuffel selbs auffgesprengt werde.

11.   Je ein theil will/ man solle sein mainung/ als
die warhafftig ein gesunde raine lehr sey/ so mit
den Prophetischen vnnd Apostolischen Schriff=
ten vberein stimme/stehen vnd bleiben lassen.

Ey wo wöllen daß die frommen Herrschaff=
ten vnnd Vnderthonen/ so inn widerwertigen/
wetterhanischen lehren hindennach hinauß? oder
wölchem theil wöllen sie zuspringen vnd beyfal=
len/recht geben/ vnd das vrtheil haim erkennen?
Vil vil besser vnnd weger aber wäre es jhnen/ sie
verliessen alles der Predicanten vnablößlich ge=
zänck/wüten vnnd toben/legten allen Priuat af=
fect auff ein seitten/vnd berathschlagten selbs die
sach mit einander/examinierten vnd prüfften der
Predicanten lehr auff das gnaweft/ bedechten
embsig was für guts auß jhr lehr die viertzig Jar
herein sey kommen/fragten auch nach jhren Vor=
eltern

eltern Glauben/ wie die Schrifft auß weißt/ was
sie geglaubt. Item/ was für frücht auß jhrer lehr
erwachssen/ lesen nicht allein der Predicanten wi-
derspennige Schrifften/ sondern auch der Catholischen eintrechtige Bücher/ was gilts sie wurden baldt auff die nachfart vnnd rechten wege
kommen/ also daß sie selbs wurden/ ja müssen sehen vnnd greiffen/ wölche/ vnnd wo doch zuletzt
vnder so vielen die recht / wahr/ Christlich Kirch
vnnd Glaub seye. Wo solches aber nit beschicht/
werden sie nimmermehr ein ruwiges leben vnnd
gewissen haben können/ jha werden letztlich dar- **Gullelmus Bidenbach.**
ob tholl/ vnrichtig/ vnnd vnsinnig werden/ Gott
gebe jhn sein gnad/ damit sie mit vns ein eintrechtige lehr vnd Glauben/ fridsams leben/ vnnd ru-
wigs gewissen haben mögen/ Amen.

XV.

Die fünfftzehend vnainigkeit / ist von
den Adiaphoren oder Mittelbingen/ zwischen
den Jhenischen vnd Wittenbergischen.

DAnn die Fürstlichen Sächsischen Jheni- Jenische inn
schen Theologen halten/ man solle in die A- irer bekennt-
diaphora oder Mittelding keins wegs/ auff nuß von den Adiaphoren
begern vnd fürschreiben der weltlichen obrigkeit oder Mittel-
bewilligen/ daß die weltlich obrigkeit hab weder dingen/ Anno 1570. A.ij.
Recht iij.

Grundtfeſt new angerichter

Recht noch macht/jhres gefallens/vnd vmb aigenes
vnnd zeitlichen nutzes willen/der wahren
rechtglaubigen Kirchen Gottes/wider jren willen/
euſſerliche Kirchen Ceremonien fürzuſchreiben/
zugebieten/oder auffzutringen / denn ſie ſeye
Merck weltliche Herrſchafft. nicht das haupt der Kirchen Chriſti / ſondern ſie
ſey nur / ſo fern ſie anders gläubig/ein theil oder
glied/vnd ein Nutritius oder Seugamme derſelben.
Derwegen ſo thun die jenigen) als Churfürſtliche
Sächſiſche Theologen zu Wittenberg
vnnd Leipzig/die in jrem Leipzſiſchen Interim/
Jeniſche wie gemelt.A.iij vnd Actis Synodicis, in den Adiaphoris vnd mitteldingen gewichen) groſſe ſchwere ſünde/ wölche
in freien Mittelbingen oder euſſerlichen Kirchen Ceremonien etwas nachgeben / annemen/
weichen/heuchlen/vnd ſich mit den Catholiſchen
Petrelus inn ſeiner warnung/Anno 71.E. zu vergleichen befleiſſigen / verrathen vnnd verlaugnen das Euangelium / richten auch durch
ſolches weichen vnd newe verenderung anders
Jeniſche wie gemelt.M. nichts an / als vnruhe/vnainigkeit/vnd ergernuß
in der Kirchen: Haben auch in jren Actis Synodicis, die ſie ſelbs durch den Truck an tag gegeben
vnd kommen laſſen / zu jhrer ſelbs aigenen vnnd
Die Wittenberger vnnd Leipzger ſeind verräter. ewigen ſchande/ mehr offenbart vnd verrathen/
dann viel andere mit groſſer mühe vñ arbeit hetten erforſchen vnd erfaren können / darumb jnen
dann auch diſſfals billich zudancken.

Die

Die Churfürstlichen Sächsischen Theolo-
gen aber in Wittenberg vnnd Leipzig lehren her- Interim Lipst.
gegen:Man mög die Mittelding oder Adiapho-
ra,das ist/die Satzungen der Concilien/vnnd die
Ceremonien der Kirchen wol halten vnnd anne- Acta Synodi.
Latina. K. i.
men/ wie sie dañ allberait in solchen dingen vmb 17.4. teutsch
der Kirchen willen/sie im friden zuerhalten/gern Fol.57.318.
wöllen weichen.Es haben sich auch die Theolo-
gen/ so inn diser sachen der Mitteldingen zu wei- Petreius inn
seiner war-
nung/Anno
chen sich erbotten/gar wol gehalten/wie man 71.E.
dann in der Vniuersitet Wittenberg Bericht/ so
sie Anno 1559. von disen dingen Lateinisch vnnd
Teutsch habe lassen aufgehn / augenscheinlich
befinde/Vnd sie tragen auch kein zweiffel/ wann
eben die jenigen/ so jetzund hernacher wider dise
handlungen so grewlich schreyen/ bey denselbigen gewest wären / sie wurden/wo sie anders
Gottes wort vnnd das Vatterland lieb hetten/
eben das jenige gewilligt haben/wo nicht mehr/
so jre liebe Præceptores gewilliget haben.

Warnung.

WO wil nun der gemain mañ abermals auß/
oder wölchem theil wil er zuspringen auch
in disen sachen:die doch sonst Bayde Sächsische Theologen seind/sich auch baydes theils zu
der Augspurgischen Confession bekeñen. O weh
        H   der

Grundtfest new angerichter

der armen verwirten vnnd rerirrten leut. Dem, nach wache doch auff du edle Teutsche Nation/ es ist wol an der zeit/ wilt du anders bey solchen grewlichen zertheilungen nicht ewig wust vnnd verloren seyn.

XVI.

Die Sechtzehend vnainigkeit ist vom

Gesatz vnd Euangelio/ zwischen den Jhenischen vnd Wittenbergischen Predicanten.

AÑ die Churfürstlichen Sächsischen Theo-logen in Wittenberg schreiben in jrem Cate-chismo von angezaigten puncten vnwider-ruflich. Fürs erst also: Das nemlich das Gesatz nur ein halbe Buß sey/ dann die Buß/ wölche al-lein auß dem Gesatz gepredigt werde/ seye weder warhafftig noch volkommen/ Aber das Euan-gelium werde recté, recht ein Predig der Buß ge-haissen/ ja es sey veré, wie es die Jhenischen deut-schen/ das ist aigentlich vnnd rechtschaffen eine Predig vnd Buß.

1.

Catech. de pœ-
nitent. Fo. 110
edit. Witenb.
Anno 71.

2.

Fürs ander sagen vnd schreiben sie widerumb: Im Gesatz werde allein aller derer sünde anklag fürgehalten/ die wider das Gesatz gehn/ den Son Gottes aber nicht kennen/ den vnglauben an jn/ die verachtung des Sohns/ die rerzweiflung/

straffe

straffe es nicht: Aber das Euangelium offenbare
vñ straffe allein gemelte sünden. Das ist der Wittenberger entlicher will vnnd mainung vom Gesatz vñ Euangelio: Vnd müssen jnen demnach die
andern Sächsischen Theologen zu Jhena Teuffelische Antinomer vnd Gesetzstürmer sein/ allein
weil sie widerpart/ vnd das Contrarium halten.

Dañ die Jenischen Predicanten streiten gantz
hefftig wider gesetzte lehr der Wittenberger. Dañ
souil z war die erst 6elange / so rede Gottes wort
nicht also / wölches trawen einer jeden lehre jhre
aigne aigenschafften zuaigne vnd gebe/ Diß aber
thun die Wittenberger gar nicht / sondern vermengen Gesatz vñ Euangelium durch einander/
dardurch der vnderschied zwischen den zwayen
Lehren eingerissen vnd auffgeloschen werde. Also sey auch jhr der Wittenberger ander fürgeben
vom Gesatz vnd Euangelio / in der warheit anders nichts/ als ein falsche/ erschröckliche/ grewliche/ vnd verkehrliche lehre/ das nemlich das Gesatz Gottes dise Sünden (als den Sohn Gottes
nicht kennen / nicht an jhn glauben / jhn verachten/ verzweiffeln/ rc.) nicht straffe. Item/ daß das
Euangelium in seinem aigentlichsten ampt auch
sünde offenbare vñ straffe/ schrecke vnd verdamme / dann damit machen sie das Euangelium zu
eim lautern schreckenden vnnd todtenden worte.

Wittenber.
in jrer grunt
fest. fol. 7.

Warnung
vorm Wittbergischen
Catechismo.
fol. E.j.q.

E.q.

                    H ij   In

Grundtfest new angerichter

Inn summa summarum/eben sie die Jhenischen schreiben gerad auch von den Wittenbergischen/ gleich wie zuuor die Wittenbergischen von den Jhenischen / sie fallen mit vollem gewalt inn der Antinomer schwermerey/vnd wöllen sie dise jhr lehre in jhrem Catechismo nicht außkratzen vnnd widerruffen/ so bleiben sie offentliche Antinomer vnd Gesätzschwermer.

Warnung.

WO wilt du nun aber hinauß/ du fromme/ edle Hertschafft? Dann halt dich gleich zu wölchem theil du wilt/ so bist vnnd mustu den Jenischen Predicanten so wol als den Wittenbergischen/vnd widerumb den Wittenbergischen so wol als den Jhenischen / inn der grewlichen vnd erschröcklichen Gesätzschwermer seyn. O wehe O wehe der armen verwirrten vñ verirrten leut. Demnach wache doch vmb Gottes willen einmal auff du edle Teutsche Nation/es ist wol an der zeit/ wilt du anders ein Kind der rechtgläubigen Kirchen GOttes seyn/ vnnd am jüngsten tage erfunden werden: Dann sie jhe die lieb Kirch Gottes von kainem solchen vnerhörten zancken vnd greinen waist/ noch wissen wil/ wie S. Paulus vnwiderspechlich bezeugt.

Die

XVII.

Die Sibentzehend vnainigkait ist von
wegen der dolmetschung der H. Bibel/zwischen
den Wittenbergischen vnnd
Jhenischen.

DAn die Churfürstlichen Sächsischen Theologen aber inn Wittenberg /dolmetschen in
irem newen Catechismo Gottes wort vnd
den Text der H. Bibel offentlich/one allen scham/
verfelschter vnd verkerter weiß auff jhren Caluinischen vortheil vnd schwarm/ wie allein mit etlichen Sprüchen bayder Testament/augenschein-
lich vnnd warhafftig demonstrirt vnnd bewert
sol werden.

*Die Witten-
bergischen
verfelschen
die H. Bibel
gätz erschröt-
tenlich.*

Dann do man fürs erst Genesis im ersten vñ
andern Capitel bißher gelesen/Daß Gott anfengklich Himel vnnd Erden auß nichts / nachmals
aber auch viel Creaturen auß Wasser vnnd Er-
den/ wie eben auch den Adam auß Laim/ alle
Thier der Erden/vnd alle Geflügel des Himels
auß der Erden/Gen: 2. habe gemacht vnnd for-
miert/Do kommen die jungen Doctores von Wit-
tenberg/ verdolmetschen den Mosen jämerlich
vnd gröblich also:Daß ALLE geschaffne ding/
(nichts außgenommen)sichtbarliche vnnd vn-
sichtbarliche/auß NICHTS seyen geschaffen.

Gen.1.2.

*Wittenber.
in irem Ca-
techismo vß
Glauben.
Fol. 52.*

H iij　Also

Also aber (damit nit etwa einer maine/man thue
jnen vnrecht/oder sags jnen sonst auß neid nach)
lauten jre aigne wort in der frag: Quæ sunt cogi-
tanda de creatione? Darauff antworten sie also in
der andern Circumstantz: Omnes res creatæ, visi-
biles & inuisibiles, conditæ sunt ex NIHILO.
Das haist aber offentlich die Heilig Bibel ver-
felschst/ vnnd schendtlich verdolmetscht. Dann
damit der Christlich/ guthertzig Leser nun wol
sehe/ jha mit den Händen greiffe/daß man jhnen
diß nit vnwarhafftig oder vngütlich nachschrei-
be/sihe so liset man Genesis im andern Capitel/
nit nur einmal/sondern dreymal/darzu nit nur
inn der Teutschen/sonder vil mehr auch inn der
Hebraischen/Griechischen/ vnnd Lateinischen
Bibel/daß GOTT der Herr den menschen/alle
Bäwme/Thier vnnd Vögel/von vnnd auß der
Erden habe gemacht/darauß trawen vnüber-
windlich folget/Fürs erst: Daß nicht alle ding
auß nichts gemacht seyen/Zu dem/daß die new-
gebachne Doctores zu Wittenberg den heiligen
Text der Bibel/sichtbarlich schenden vnnd ver-
keren/ meistern vnnd reformiren/wölches dann
an jhnen der ewig Gott keines wegs wird vngerochen lassen / wie wir lauter vnnd klar lesen
Matthei am 5. Capitel.

Gott wird der Wittenberger Betrug nit vngerochen lassen.

Also

2.

Also verkeren vnnd verfelschen die Witten‐
berger auch fürs ander dem heiligen Dauid seine
wort im Psalter: Er hat gesagt/vnd sie seind ge‐
macht worden/ Er gebot/vnnd sie seind erschaf‐
fen worden / Die wort verdolmetschen vnnd
verfelschen sie auch schendlich also: Daß Gott al‐
le ding auß nichts habe erschaffen / so doch der
heilig Dauid kein wörtlein sagt/von der red/auß
nichts/ weder inn Hebraischer noch inn Griechi‐
scher/ Lateinischer noch inn Teutscher Sprach.
Das heist auffrecht mit Gottes wort gehandelt:
Scilicet. *Psalm. 32. Witten. in Cô‐ tec. lat. ed. Wit. Fol. 53.*

3.

Also gehn sie fürs dritt auch mit des heiligen
Propheten Esaie wort vmb / dieser da er sagt: *Esaie vltimo.*
Daß Gott der Herr newe Himmel vnnd Erde
machen wölle/ Do kommen die newen Docto‐
res von Wittenberg / verkehren jhme seine wort *Witten. in Ca‐ tech. de Symb.*
auch vnchristlicher weise also: Daß Christus der *fol. 75. lat. ed.*
Herr mit Fewer werde purgiren Himmel vnnd *Witten.*
Erden/vnnd der Welt ein newe gestalt machen:
Also aber lauten jhre wort im Catechismo: De‐
nique igne purgabit Cœlum & Terram, & no‐ *Catech. 75. de Symbolo.*
uam mundi formam efficiet, Das haist redlich an
dem heiligen wort GOTTES gehandelt:
hindersich.

Grundtfest new angerichter

hinderſich. Hilff lieber Gott/wenn ſie die Catholiſchen nur einmal anſolcher that erdapten/wie
wurden ſie das gantze Teutſchland ſo bald wider ſie auffbringen: Aber man muß den Vogel

Matth. 7.

alſo bey ſeinem Geſang lernen erkennen/Dann iſt
es nit ein ſpott / ja ein offentlich crimen falſi, der
heilig Eſaias ſagt hie kein wörtlein vom fewer/
keins vom purgiren/keins von der Welt/nicht
deſto weniger ſetzens ſie freuenlicher weiß hinzu.

4.

Eben alſo thun ſie auch fürs vierd dem heiligen Euangeliſten Joanni/kehren jm ſeine wort

Joannis 1.

auch falſariſcher weiß im Maul vmb: Dann do
bißher bey jme in allen zungen vnd Sprachen geleſen iſt worden: In principio erat verbum, & verbum erat apud Deum, & Deus erat verbum, Jm
anfang war das wort/ vnnd das wort war bey
Gott/vnd Gott war das wort/Do kommen jetz

Wittenberg in
Catec. de Sym
bolo lat. edit.
Wit. Fol. 57.

die Wittenberger/ vnnd kehren dem H. Joanni
die wort (& Deus erat verbum, vnnd Gott war
das wort)ſchandloſer weiß vmb/ vñ ſetzen dar-
für: Et verbum erat Deus, Vnnd das wort war
Gott/ wölches zwar in keiner Bibel/ auch in keiner Sprach nie geleſen/ vil weniger gefunden iſt
worden/Bißhieher.

O du fromme Herrſchafft ſchaw doch einmal

mal auff/wie du so bößlich von den verwirrten/
falschen leuten betrogen wirst / auch inn den din-
gen/ daran all dein hoffnung vnd seligkeit besonder stehet.

Gleich also thun sie dem Heiligen Euangeli-
sten fürs fünfft abermals auch/ in gemeltem Capitel: Dañ do man bißher allzeit gelesen hat: Om-   Joannis 1
nia per ipsum facta sunt, & sine ipso factum est ni-
hil, Alle ding seind durch dasselbig gemacht/vnd
ohn dasselbig ist nichts gemacht / Do lesen vnnd
dolmetschen die Wittenberger inn jhrem schönen
Catechismo: Das Wort/Christus/habe ALLE
geschaffene ding / sichtbarliche vnnd vnsichtbar-
liche/auß nichts geschaffen. Das können je schöne
newe Interpretes seyn/wens junge Schützen inn
den Schulen vmb zehen oder zwölff Jaren the-
ten/so gebe man jnen gute Schilling/vnd nit vn-
billich/Dann je der heilig Johannes kein ainiges
wörtlein sagt / daß Christus alle ding auß nichts
habe geschaffen / sonder sagt in allen zungen vnd
Sprachen: Vnd on dasselbig(wort) ist nichts ge-
macht/welche wort kein andern verstand haben/
noch haben können / dann daß Christus der Herr
auch in gleichem gewalt/krafft vnnd macht/mit
Gott dem Vatter/vnnd Gott dem H. Geist/alle
ding habe geschaffen vnd gemacht/vnd on jn sey
nichts geschaffen. Begehn demnach die Witten-

J   berger

berger abermals ein offentlichs crimen falsi an
heiliger Göttlicher Schrifft / des sie dann am
Jüngsten tage vor Christo dem Herren müssen
verantworten / ob es jhnen gleich allhie also hin-
geht.

6.

Eben also fürs sechst / gehn sie auch mit des
H. Luce worten vmb / in den Geschichten der A-
postel / da sie auch / jhren Caluinischen schwarm
damit zubedecken / ein Spruch oder zwen schendlich gefelscht. Dann do man Bißher Actorum 1.
auß dem Griechischen ins Latein gelesen: Hic Ie-
sus qui assumptus est à nobis in coelum, sic veniet,
quemadmodum vidistis eum euntem in coelum,
Das ist auff Teutsch: Diser Jesus / wölcher von
euch ist auffgenommen inn den Himel / der wirdt
kommen / wie jhr jn jetzt gesehen habt gen Himel
fahren. Da schleichen vnd kommen jetzt die Wittenbergischen Caluinisten daher / vnd transferi-
ren / wider aller alten dolmetschung / für das qui
assumptus est, der auffgenommen ist / qui SVR-
SVM receptus est, der / oder wöllicher vbersich
genommen ist / vnd setzen also Bößlich hinzu das
wort SVRSVM, gleichsam künd der Leib Christi sonst niergend sein als oben im Himel / auff gut
Caluinisch / wider allen alten brauch. Dann der
fümem

fürnem Sacramentschwermer Beza dise wort/
eben wie die Wittenberger/reddiert vnnd gegeben hat.

7.

Also do man auch bißher Acto. am 3.Capit:
in dreyen Sprachen/ Griechischer/Lateinischer/
vnnd Teutscher gelesen: Ιησοῦ χριστοῦ, ὃν δῖ οὐρανοὶ μὲν
δέξασθαι,Iesum Christum, quem oportet quidem coelum suscipere, vel accipere, Auff Teutsch: Jhesum
Christ/ wölcher muß den Himel einnemen/ Do
dolmetschens die Wittenberger schendtlich also:
Oportet Christum coelo capi, Christus muß vom
Himel gefangen seyn/ An wölchem oith sie zwar
zwey redliche stuck begehen/ Erstlich/daß sie die
wort versetzen vnd vmbkeren: Fürs ander/daß
sie das wort δέξασθαι, suscipere, einnemen/ passiue,
eingenommen werden/ dolmetschen/wider den
Griechischen Text / wider die Lateinisch vnnd
Teutsch immerwerend version/also daß der Himel Christum hat eingenommen/ vnnd nit Christus den Himel: Vnnd ist also der Himel Christi
Herr/Christus aber des Himels Knecht/der sich
schmucken vnd ducken/ jha thun muß alles was
der Himel nur will. Ob sich aber die Wittenberger gleichwol allhie wöllen außreden vñ verant-
worten/es sey jnen on alle gefah: vnd on ainigen

J ij   arglist

Ich hab bißher gemaint Christus sey ain Herr Himels vnd erdrichs/so höre ich wol er ist allein ain Knecht des Himels den Wittenbergern/vnnd nit ein Herr.

Grundtfest new angerichter

auglist geschehen / daß sie diesen Text also geben

Die Wittenberger verfelschen die Schrifft fürsetzlich.

haben / so geschicht. doch diß allein zu einem schein
vnnd außflucht: Dann daß sie es fürsetzlich gethon / ist auß zweyen stucke leichtlich abzunemen.

Erstlich / dieweil sie dise jre Caluinische dolmetschung noch auff dise stund inn jhrer verant

Fol. 172. 173.

wortung verthädigen vnnd Billichen / als wann
sie es recht verdolmetschet vnnd gegeben hetten /
ja weil sie noch auf die zeit vnuerholen schreiben /

Grundtfest. Fol. 172.

jhr passiua versio, Christus must vom Himel gefangen vnd auffgenommen werden / kome vberein mit den Beschreibungen der Himelfart Christi / wölches zwar im gantzen newen Testament
nit kan Bewisen werden / daß Christus vom Himel habe müssen gefangen vnnd auffgenommen
werden. Das stehet wol Marci am letzten Capitel / von gemelter Himmelfart / daß Christus der
Herr ward auffgehaben gen Himel / wölliches
aber gar nit mit der Wittenberger newen gefehrlichen Translation vberein kompt / Dann da stehet keines wegs / daß Christus vom Himel gen
Himel sey auffgehaben worden / wölche auch inn
andern orten / so sie doch selbs anziehen / nit gefunden werden: Ist demnach jhr fürgeben ein lauterer Betrug.

Fürs ander / ist auch hierauf genugsam zuuermuten / daß sie disen Spruch / Actorum 3. arglistiger /

listiger fürsetzlicher weiß passiuè dolmetscht ha-
ben/weil sie nit allein disen Spruch also zu ihrem
vortheil auff gut Caluinisch verdolmetscht/son-
der noch wol andere mehr/Wäre es mit disem
ainigen Spruch geschehen/so möchte man es jnen
villeicht glauben/sie hettens nicht fürsetzlich ge-
thon/dieweil sie aber andere öfter mehr/wie
schon allberait auß Bayden Testamenten gewi-
sen/also gegeben vnd verdolmetschet haben/sihe
so kan man es jnen gar nit glauben/daß es jnen on
alles gefähr widerfaren sey. Also gehn die Wittenbergische mit dem heiligè wort Gottes vmb.

Dawider aber seind die andern Sächsischen
Theologen gar fast/schreien/wie trawen mit vn-
recht/Zetter/Mordio/vber die Wittenbergi-
schen/sie hawen inn die Bibel/Begehen offentlich
ein crimen falsi, verfelschen schendtlich die H. Bi-
bel/reformieren vnnd meistern Mosen/tumpeln
inn die Bibel jhres gefallens/verfelschen Gottes
wort on alle scham offentlich/Dann mit solchen
vnd dergleichen worten begegnen die Jhenischen
vnd Braunschweigischen den Wittenbergern.

Jhenische in
it warnung/
voim Wittè
bergischen
Catechismo.
D. H. ij. E. ij
Brunschwi.
in jhrem Be-
dencken/vor
dem Witten
bergischen
Catechis. B.

Warnung.

WO wil der gemain Lay abermal hinauß?
wie manchen mann hat Wittenberg bißher
gerebt/es habe das pur lauter wort Got-
                                    J iij   tes/

Grundtfeſt new angerichter

tes/da man aber jetzund zuſihet/ſo iſt es nichts
als lauter Betrug vnd Beſcheiſſerey/ja haben gar
nit ein pur lauter/ſonder vil mehr ein gefelſchtes
vnd geſtimpelts wort/wie jre nechſte Nachbau-
ren von jhnen nit verhalten: Wer wil jhn dann
trawen? Oder wölcher gutherziger Mann wil
doch ſein kind zu eim falſchen/Böſen wort zu jnen
ſchicken? Es wirt fürwar niemands rathen wer-
den/er ſeye gleich wer er wölle. O du edle Teutſche Nation/wache auff/es iſt wol an der zeit/
dann da geben die jenigen/die dich biſher ſo böſ-
lich genart vnd verfürt haben/ſelbs offentliche
zeugknüß/daß ſie dir nit das rain/purlauter wort
Gottes/ſonder ein verfelſchtes wort fürtragen.

XVIII.

Die achtzehend Vnainigkait / iſt von
wegen verſtand vnnd außlegung etlicher hertlicher Sprüch
der H. Schrifft/zwiſchen den Wittenbergiſchen vnnd Wirttenber-
giſchen.

Wittenber-
ger in jhrer
grundtfeſt
von der per-
ſon Chriſti/
Fol. 115. b.

Ann zum erſten haben die Wittenberger ein
groſſen newen Span mit den Wirttenber-
giſchen/etlicher Sprüch halb der heiligen
Schrifft/Dann die Wittenbergiſchen bezüchtigen den Schmidle vnd ſeine Rottgeſellen/er ge-
brauche A E W E/frembde/vnnd geferliche
außle-

Der Schmidel verkert schändlich etliche sprüch der heiligen Schrifft.

auß legung vieler herrlichen Sprüch Göttlicher
Schrifft/ als Exempli gratia.

Da man fürs erst Luc: 1. liset: Er wirdt ein
Son des höchsten genennet werden/ das sol dem
Jacob Andree(Brentius vñ Bidenbach habens
auch mit dem Schmidelino/ in dem vnd andern
stucken/gehalten/ weil sie aber schon von der
Welt vrlaub genommen/vnd in des Schmide-

Ey wol hat der Schmidel so ein feinen Himel.

lini Thalmutischen vnnd Alcoranischen Himel
gefahren seind/so leßt man sie Billich darinn sitzen
vnd schwitzen/vnd.Bleibt man bey dem Schmidel) so vil haissen/daß Christus nicht allein nach

In resson. ad Bezam. fol.7.

der Göttlichen Natur / sondern auch nach der
Menschheit Gott sey.Disen verstand vnnd außlegung aber gestehen die Wittenbergischen den
Wirttenbergischen gar nit/ sonder verdammen
sie als Eutichianisch/Monothelitisch/vnnd entlich als Schwenckfeldisch.

Fürs ander / do Joannis am 1. geschriben

Recog.41.43

stehet : Das Wort ist Fleisch worden/ soll dem
Brentzen vnnd Schmidle so vil haissen/daß der
Son Gottes inn dem Sone des Menschen also
wohne/daß er jn mit sich erhöbe in die Göttliche
Mayestet/ vnnd in jhn aufgiesse alle seine aigenschafft. Dise auflegung Billichen die Wittenbergischen abermals nicht/sonder verwerffen sie als
new/frembd/vnd gefehrlich.

Fürs

Grundtfest new angerichter

Fürs dritt / do Johan: 2. sagt: Christus of-
fenbaret sein herrligkeit / Sol dem Schmidle geredt seyn / nicht von der offenbarung der Göttlichen natur inn Christo / sonder von der Mayestet
seiner Menschheit. Disen verstandt können die
Wittenbergischen abermals / wie billich / nit paſ-
sieren lassen.

Für das vierdt / da Paulus schreibt Coloſ.
am 2. In Christo wonet die gantz völle der Gottheit leiblich / Soll dem Schmidle abermaln die
völle nicht verstanden werden von der Gottheit
des Sons Gottes selber / sonder von der mitgetheilten Gottheit / so der Mensch / Christus / für
sich empfangen habe. Dise vnnd andere fürtreff-
liche Sprüche / so von der Gottheit reden / vnnd
zeugknuß geben / daß Christus ein warhafftiger
Gott seye / mit dem Vatter / vnnd heiligen Geiſt
zeucht der Schmidle allenthalben auff die vergöttete Menschheit / wölches jm die Wittenbergischen nit gut haissen / sondern als new / frembd /
vnd gefehtlich verwerffen / vñ damit den Schmidel abermal zu schanden machen / daß er sich / wie
so grosse ainigkeit zwischen den Schwäbischen
vnnd Sächsischen Predicanten sey / vergeblich
berhüme.

Zum andern / seind nit allein die Wittenbergischen vnnd Wirttenbergischen hefftig mit einander

ander zu vnfriden / von wegen verstandt vnnd
außlegung etlicher Sprüche H. Schrifft / sonder
auch die Jhenischen / vnd abermals die Witten=
bergischen / da jene / besondern Wigandus / viel
schöner Sprüche der H. Schrifft vnuerschampt
auff die Menschheit Christi zeucht / die doch auß=
trucklich von dem ampt vnd wolthaten Christi
reden / so der gantzen person nach bayden Natu=
ren zugeschriben werden sollen. Darwider aber
seind die Wittenbergischen gantz hefftig / schrey=
en vnd schreiben in jrer Grundtfest / Wigandus
verkere vnd verfelsche vil fürtrefliche / herrliche /
schöne / tröstliche Sprüche der H. Schrifft / da=
rumb dann der Sohn Gottes von jhm schwere
rechenschafft fordern werde / daß er nicht allein
die newe vnd frembde lehre / de reall communica=
tione, zuuertheidingen sich vnderstanden / sonder
auch so vil Sprüche der Schrifft / so gar mutwil=
lig / mit erdichten außlegungen / verfelsche.

*Vuigand. de
communicatio-
ne idiomatum.
pag. 97. 98.
99. 100.*

*Grundtfest.
Fol. 130. 131.
& deinceps.*

*Grundtfest.
Fol. 134.*

Warnung.

WO wil nun die fromm / edel Herrschafft wi=
dermals hinauß? dann halt vnnd naige sie
sich zu wöllichem theil sie wölle / so verleurt
vnd kompt sie gewißlich vmb das seligmachend
wort Gottes / sintemal die Jhenischen die Wit=
tenbergischen beschuldigen / sie dolmetschen vnd

K   Inter=

Interpretieren die H. Schrifft fälschlich/also Beschuldigen hergegen auch die Wittenbergischen
die Jhenischen/sie verstehen vnd außlegen die H.
Schrifft fälschlich/ vnd ist also auff Bayden seiten
ein grosser mangel vñ fehlschuß vom wort Got-
tes/da der ein theil dasselbig fälschlich verdol-
metschet/der ander fälschlich außlegt. O wehe
derhalben vnd immer wehe der frommen Herr-
schafft/die so schändlich vmb das lieb/seligma-
chend wort Gottes/bey solchen verirten vnnd
verwirrten leuten kompt/Vil vil weger aber vnd
Besser wäre es ir/sie wachete auff/vnd kerete sich
widerumb zum alten/wahren/Bestendigen/vnd
ainhelligen Glauben/so möchte sie glück vñ heil/
frid vnnd rhu/frewd/vnnd die ewig seligkeit erhalten vnd erlangen/Amen.

*Math. 24.
vnd 25.*

XIX.

Die neuntzehend vnainigkeit / ist von
wegen der H. Tauff/zwischen den Wittenbergischen vnd Jhenischen.

*Witten. in Ca-
tec. lat. de ba-
ptismi vsu. Fol.
edit. lat. Wittē.
125.*

DAnn die Theologen zu Wittenberg lehren
vnd schreiben in ihrem Sacramentirischen
Catechismo/die H. Tauffe sey nur allein ein
zeugknuß (testificatio) daß der/so getaufft wirdt/
versönet werde. Item/die Tauff sey ein zeugnuß
(testificatio) darmit der getaufte bekresstigt wer-
de/dz er angenommen sey.   Vnd

Vnnd sagen also / do sie die Tauffe beschrei=
ben / fürs erst kein wörtlein von der gnaden Got=
tes / die der mensch im Tauff empfahe. Fürs an=
der / reden sie auch nichts in irer Beschreibung der
Tauff / von der Widergeburt. Fürs dritt / reden
sie auch kein wörtlein von vergebung der Sün=
den. Fürs vierdt / reden sie auch gar nichts von
der Erlösung / vom Todt vnd Teuffel / wölcher
stuck aller doch Luther / wie groß er sonst ein Ke=
ßer vnd Heresiarch ist gewesen / inn seinem alten
Wittenbergischen Catechismo meldung thut / da=
rumb Lutheri Catechismus / auch der klein / den
newen Wittenbergischen Catechismum vil billi=
cher / besser vnd rechtgeschaffner erklert vnnd er=
leucht / wans je also haissen sol / als daß der jeßig
Wittenbergisch Catechismus des Luthers Cate=
chismum / wie mit grosser grobheit von jnen den
newen Wittenbergern fürgewendt wird / sol de=
clarirn vnd Illustrirn / der jn doch vil mehr ver=
felscht / verkert / verwirrt / verdunckelt vnnd ver=
sinstert.

Die Jhenischen aber seind gar hefftig wider
dise lehr / nennens ein verfelschung der H. Tauff /
dann es sey vil zu wenig geredt / wie es inn der
warheit ist / daß die Tauffe allein ein solche zeug=
nuß sey / sondern man müsse auch sagen / daß die
Tauffe sey ein gnadenreichs Wasser des lebens /

*Die Witten=
bergischen
wissen vnnd
lehren nichts
von empfa=
hung der ge=
naden Got=
tes / von der
widergeburt
von verge=
bung der sün=
den / von der
erlösung / vo
Todt vnnd
Teuffel in be=
schreibung.*

*Vuittenb. in
præfatione suæ
Catech.*

*Jhenische in
ir warnung /
vorm Wittē=
bergischen
Catechismo.
B. h.*

Grundtfest new angerichter

vnd ein Bad der newen widergeburt / dardurch Gott die menschen new gebåret / jhnen applicirt / zuaignet / mittheilet / vnnd gibt vergebung der sünden / den H. Geist vnd ernewerung.

Warnung.

WOlan was wil auch in disem fall die from̄me Herrschafft anfahen / sintemal sie auch wol halbs / oder ja mehr als halb / vmb das aller notwendigst Sacrament / durch die newen / falschen lehrern jämerlich gebracht vnd beraubet wird. Dann so man jhe die warheit soll sagen / so halten die Jhenischen / die doch sonst auch mit vilen vnnd schweren jrrthümben behafft / etwas herrlicher vnd Christlicher vom H. Sacrament der Tauff / als die newen Wittenbergischen Theologen: Vnnd do sie einer gleich sonst nicht solte des Sacramentirischen Caluinischen Geists inn verdacht haben / so müste er es doch / sonderlich der heiligen Sacrament der Tauff vnnd Altars wegen / thun / Dann es je alles auff gut Caluinisch dauon geredt vñ geschriben / wie die Collation vñ gegenhaltung warhafftig auß weisen.

Dann so die newen Wittenberger / so vil jetzmals allein die Tauffe belangt / inn beschreibung derselbigen / weder von der gnaden Gottes / noch von der Widergeburt / noch von vergebung der
sünden /

Die Jhenischen halten Christlicher vom h. Tauf als die Wittenbergischen,

sünden/noch auch/ wie oben angezogen/von erlösung vom Todt vnd Teuffel/reden/ so kan ein
jeder/wie ainfältig er jmmer ist/leichtlich vrthei-
len/daß sie in jrem Catechismo den Caluinismum
mit geschraufften worten/ wie auch jr communis *In iudicio Hei-*
præceptor Philippus, in seinem letzten Bedencken/ *delbergensi.*
höflich verblümen vnd verstöcken.

O wehe demnach abermals der frommen
Herrschafft/ die so bößlich von den armen leuten
verfürt/vnnd vmb die grossen vnnd thewristen
schätz der ewigen seligkeit so erbermlich gebracht
seyn. Demnach wache doch auff du edle Teut- *Math. 24.*
sche Nation/ es ist fürwar an der zeit/ wilt du *vnd 25.*
anderst nit gar aller mittel/so dich zur ewigen seligkeit bringen vnd fürdern/ von den armseligen
leuten entblößt vnd beraubt werden.

XX.

Die zwaintzigist vnainigkeit / ist des
H. Sacraments des Altars halb/zwischen den
Wittenbergischen vnd Jhe-
nischen.

Dann die Wittenbergischen sagen vnd schrei-
ben/ inn jhrem verdechtlichen Caluinischen *De cœna Dñi.*
Catechismo/das H. Sacrament des Altars *quæstione quid*
sey allein die gemeinschafft des Leibs vnd Bluts *est cœna Dñi.*
Christi/vnd nit der wahr Leib /vnnd das wahr *Edit. lat. Witt.*
K iij   Blut *Anno 1571.*
Fol. 127.

Vier erſchꝛꝭ
ckenliche der
Wittenberꝛ
ger beſleckun
gen vnd ver
vnratniguge
des H. Sa=
ramẽts des
Altars·
Blut vnſers Herrn Iheſu Chriſti/ darumb ſagen
ſie fürs erſt auch nichts / inn Beſchꝛeibung dieſes
H. Sacraments/ von der Materien Cœnæ Do=
minicæ. Alſo fürs ander/ thun ſie auch kein mel=
dung/zu Beſtetigung weſentlicher wahꝛer gegen=
wertigkeit/des mündlichen leiblichen eſſen vnnd
trincken. Deßgleichen wiſſen ſie fürs dritt auch
gar nichts in jhrem Catechiſino von der rechten/
wahꝛen nüßung vnnd frucht diſes H. Sacra=
ments/als daß vns in gemeltem dacrament ver=
gebung der ſünden/leben vnd ſeligkeit geſchenckt
vnnd gegeben werde/wölches doch der alt Wit=
tenberger Luther ſelbs vermelt / wie tieff vnnd
ſchwer er ſonſt inn keßereyen geſteckt. Haiſt aber
das des Luthers Catechiſmum Declarieren vnd
Illuſtrieren / ja wann verfinſtern vnd verkeren/
zerreiſſen vñ verdunckeln erklären wär/ſo möcht
jr Berhum/ do ſie in jr Vorꝛed von groſſer erklä=
rung vnd erleuchtung des Luthers Catechiſmi/
mit hochtrabenden woꝛtẽ ſchꝛeiben vnd herein
brangen/ein ſchein haben. Vnnd do man jhe von
Bayden Catechiſmis/ des Luther vnd der new=
en Wittenberger/vrtheilen ſol/ſo iſt trawen des
Luthers heller vnd klärer/auch inn Beſchꝛeibung
diß H. Sacraments/als der Wittenberger/wie
Woꝛabog. die Iheniſchen Theologen nit verhalten.
Die dann/ wie auch andere mehr/der Wit=
tenberꝛ

tenbergischen leh: vom heiligen Sacrament des
Altars/gantz vnd gar verwerffen:Dann sie wöl=
len/wie zwar billich/man solle drucken vnd dürr
herauß sagen/das heilig Sacrament des Altars
sey der wahre Leib vnd Blut vnsers Herren Je=
su Christi/vnd nit also im Sack verkauffen/vnd
den Brey im Munde behalten/vnnd nur Mum
Mum sagen/Daß es sey mit dem wort(gemain=
schafft)ein verdecktes Essen/vnd ein verdrehete
red/ mit wölcher fürs erst die menschen geblendt
werden.

Jenische ins
jr warnung/
C.C.ij.
Brunschwi.
im Bedenckl.
D.iiij.
Luneburg.
in ihrem Be=
dencken.3.
Causa Fol.23.
Anno 72.
Mansfeldt.
in irem Be=
richt. Fol.32.
& deinceps.
Anno 72.
Gemeine Cö=
fession der
Sächsischen
Kirche. A.a.j

Fürs ander/ die lehre vom heiligen Sacra=
ment verfelschet.

Fürs dritt/die kinder verwirrt vnd verstrt.

Anno 72.
Jenisch war=
nung.

Fürs vierdt/ die mainung der Schwerm=
gaister verborgen.

C.iij.6.

Fürs fünfft/ werde Christus der Herr mit
seinen Naturen zertrennet.

C.ij.

Fürs sechst/ die mündlich niessung des H.
Sacraments verschwigen vnd auffgelescht.

C.q.

Fürs sibend/der wahr wesentlich vnnd ge=
genwärtig Leib vnnd Blut Christi auß dem H.
Sacrament gestolen: Darumb auch der diebstal
des wahren/wesentlichen/gegenwärtigen Leibs
vnnd Bluts Christi inn der Christlichen Kirchen
nicht gering zuachten / dann sie rauben vil mehr
darauß dann der Bapst.

C.q.

Die Witten
berger seindt
Sacrament
dieb vnd sa=
crilegj.

Fürs

Grundtfest new angerichter

Sehet hin/habt euch das jhr Wittenberger von den Jhenischen/sie können euch warlich die Nebelkappen vnd das Schaaffkleid redlich abziehen / vnd gen Schul vnd Marck reitten.

Schwache außred der Wittenbergischen.

Es wird sie auch in keinen wege helffen werden/daß sie jhr Definition vnd beschirmung des hochwürdigsten Sacraments des Altars / mit des H. Pauli wort wöllen beschönen. Dann zum

1.

ersten / so redt der H. Apostel vil anders als sie/ vnd sie vil anders dann S. Paulus. Zum andern/

2.

Wittenber. in ir grundt= fest von der person Chri= sti. fol. 116. b

sagen vnnd schreiben sie die Wittenberger selbs/ in der anzaigung etlicher fürnemen stuck/so sie in Brentij vnd Schmidelini streit nit können billichen/rc. Man solle kein newe gründt der gegenwärt des Leibs vnnd Bluts Christi / ausserhalb der wort Christi / vnnd der ordnung vnnd einsetzung seines Testaments suchen. Zum dritten/ schreiben sie auch an jetzgemeltem ort / die Exempla

pla aller alten vnd newen Lehrr in der Kirchen
Gottes weisen / daß man die lehre vom Nacht=
mal des Herrn Christi/schlecht vnd bloß auff die
wort der stifftung vnd verhaissung Christi / ge=
gründet habe. Iha zum vierdten/schreiben sie
weiter / man könne nicht darthun / daß inn jhren
Kirchen vnd Schulen andere newe gründe der
gegenwärt des wahren Leibs vnd Bluts Chri=
sti / ausserhalb der wort Christi / vnnd der Ord=
nung / vnd einsetzung seines Testaments / von je=
mands gesucht seyen worden / das aber ist in der
warheit anders nichts / als protestatio contraria   Protestatio con-
facto, das ist / was sie nicht gestehn wöllen / dessen   traria facto.
machen sie sich in der that schuldig. Daß do man
es bey dem liecht besihet / so seind eben die Wit=
tenbergischen Theologen eben solche Gesellen / so
die wort Christi / der Ordnung vnnd einsetzung   Die Witten-
seines Testaments / auß jhrem Catechismo ver=   berger ver-
stossen / vnd andere newe gründe / die nit so klar /   stossen Chri-
auch wol von den Rottengeistern auff andere   sto seine wort
wege gedeutet mögen werden / an stat der wort   der einsetzüg
Christi (Das ist mein Leib / Das ist mein Blut)   des H. Sa-
in jhrem Caluinischen Catechismo gesetzt haben.   craments
Dann es je fürwar tausentmal heller vnnd deut=   des Altars
licher gesagt ist / wann man fragt: Was ist das
Sacrament des Altars? So man nach den wor=
ten Christi schlechtlich antwort: Es sey der wahr

L   Leib /

Grundtfest new angerichter

Das wörtlin
gemeinschafft
mag anderst
gedeut wer=
den/zu dem
sind die wor=
te der einsa=
gung vil klä=
rer als das
wort gemain
schafft.

Leib/ vnnd das wahr Blut vnsers Herrn Jhesu
Christi/Als wann man sagt:Es sey ein Gemain=
schafft des Leibs vnd Bluts Christi/wölche Ge=
mainschafft ein ander Rottengaist auch Gaist=
lich deuten mag/Fürs erst:Zu dem kündten die
Kinder/wölche ainfeltig vnd deutlich zu vnder=
weisen/das wörtlein Gemainschafft/ nimmer=
mehr so wol vnd bald verstehen/als wann man
fein richtig vnnd simpliciter sagt:Das hochheilig
Sacrament des Altars sey der wahr Leib/vnnd
das wahr Blut vnsers Herren JESV Christi.
Vnnd hierauß folget darumb nit/daß man dem

paulus wird
darumb nit
verworffen.

heiligen Paulo seine wort verwerffe/Nein/son=
der man wil allein anzaigen/ daß man bey den
scheinbarlichen/sichtigen worten Christi/der ein=
satzung des heiligen Nachtmals/solle vnd müs=
se bleiben/vnd nit andere Fundament legen/wie
dann die vergessene newe Doctores zu Witten=

fol.114.b.
115.b.

berg inn jhrer Grundtfest von der person Christi
selbs also daruon/wider sie selbs/vnuerholen
schreiben.

Was wil aber die fromm Herrschafft aber=
mals anfahen? Was wöllen die Vnderthonen
thun?Zu wölcher lehr wöllen sie sich bekennen?
Dann sihe vmb Gottes willen/ die Wittenber=
gischen halten jhren Catechismum für Silber
vnd

vnnd Gold/ Die Jheniſchen aber haben ihn für Jeniſch. war nung. C.ij.
lauter Gifft vnd Aiter/ wölches Sacramentiri=
ſche/verſchlagene/gefehzliche/vnnd betrügliche
Definitiones, billich alle Gottsförchtende Chri=
ſten ſollen verwerffen : Dann die Wittenbergi= Die Witten berger ſeind Sacrament rauber.
ſchen begehen ein gröſſern Diebſtal am heiligen
Sacrament des Altars/ als die Römiſchen. O
recht auff ſie / die Catholiſchen haben den Wit=
tenbergiſchen bißher Kelchdieb müſſen ſeyn/wie
ſie dann deſſen auch im newen Werck rüren/Do Witten. Catec. 132.propbi.6
man aber jetzt zuſihet/ ſo ſeind ſie es ſelbs/ vnnd
zwar viel mehr als die Catholiſchen nimmer/
wie ihre aigene Religions vnnd Sectgenoſſen Jhen. war nung.C.ij. ij. b.
von ihnen nit verhalten. Aber vmb die fromme
Herrſchafft / vmb die lieben getrewen Vnder=
thonen/vmb Witwen vnnd Waiſen iſts am al=
ler maiſten zuthun / die mainen ſie ſeyen mit den
leuten nur wol verſehen/ ſo haben ſie lauter Sa=
cramentdieb / wie die Jheniſchen von den Wit=
tenbergiſchen nicht inn gehaim/ ſonder offentlich
ſchreiben. Wär demnach Bayden/der Herrſchaft
vnnd Vnderthonen zurathen/ſie kehreten wider
zum alten/wahren/Catholiſchen/Apoſtoliſchen/
ainhelligen vnnd beſtendigen Glauben/ ſo möch=
ten ſie des hin vnd wider fallen gentzlich abkom=
men/ vnnd der Seelen wahre ewige rhu finden/
Amen.

L ij   Die

Grundtfest new angerichter

XXI.

Die ainvndzwaintzigist vnainigkait/ ist von wegen der Beicht/zwischen den Wittenbergischen vnd Jhenischen.

Wittenbergē. in Catech. de priuata absolutione. fol. 115

Fol. 116.

Jentsche inn der warnūg. K.iq.

WANN die Wittenbergischen Behalten allein die Beicht / do man sich nur in genere für Sünder erkent: Halten vnnd schreiben derowegen in jhrem newen verdächtigen Catechismo/es sey kein besondere erzelung der sünden von nöten/Nulla, sprechen sie/enumeratio delictorum necessaria est, darumb so behalten sie allein die Beicht/ so in genere vnd in gemain beschicht.

Dawider aber seind gestracks die Jenischen Sächsischen Theologen/ die da wöllen/ es solle auch ein jeder nach seinem Beruff/inn warer demut/ etliche sünde in specie inn sonderheit erkennen/ vnd vor dem Beichtuatter beklagen/daß er darinnen schuldig/vnd bitten vmb trost. Beklagen sich derowegen / vnnd beschwären sich des wörtleins / in genere seine sünde Beichten/ zaigen an/es seyen vil vnder jn/die es also verstehn/daß der Seelsorger nicht macht habe / in specie jhnen fürzuhalten/ daß sie inn denen oder jenen stucken gesündiget haben/darauß anders nichts erfolge/ als daß der gemain Mann darüber/ wann man jn auff sein special sünde füre/schnarche/Vnd sey hierbey

hierbey wol zumercken / daß die Wittenbergi=
schen inn der Kirchenzucht vngeübet seyen / da=
rumb von nöten / daß erklärung dabey geschehe.

Warnung.

WEs muß sich aber der gemain Mann wide=
rumb auch in dem stuck verhalten? Bey kei=
nem theil hat er rhu vnd ainigkeit / dann wil
er bey den Wittenbergischen sein sünde recht vnd
in specie beichten / wie die Schrifft auß weist / so
leidens sie gar nicht / Wil dann einer bey den Je=
nischen seine sünden allein in genere beichten vnd
anzaigen / so seind sie auch hefftig darwider. O
wol aber ein schönes ainigs Euangelium / die inn
einem Land / vnnd die sich auch zu einer Confessi=
on / nemlich der Augspurgischen / bekennen / nicht
zu friden können seyn / sondern sich inn den aller
fürnemesten stücken Christlicher Religion auff
das grewlichst / wie offt schon probiert vnd dar=
thon / zwayen vnnd zancken: Ey so kan auch die
recht / wahr / Christlich Kirch nicht bey jnen seyn /
dann die wahr Kirch Gottes den brauch nit hat /
daß sie vnainig sey / zancke vnnd hadere / wie S.
Paulus vnwiderspechlich bezeugt. Iha eben sie
selbs / die Wittenbergischen / schreiben wider sich
selbs / die ainigkeit sey ein gewiß wahrzeichen der
wahren / rechten / Christlichen Kirchen / Auß wöl=

Numeri 5.
Iosue 7.
Ecclis. 4.
Esaie 43.
Matth. 3.
Luce 17.
Joannis 20.
Actorum 19.
Jacob. 5.
1. Joannis 2.

1. Corinth. 11.
In Catech. de
symb. q. Qua
sunt signa mö=
strantia veram
Ecclesiam.
Fol. 79.

L iij   chem

chem nun nach ihrem ſelbs aignen vrtheil vnnd
ſententz notwendiger weiß / wie ein jeder from̄er
mer Chriſt ſelbs erkent / vnnd erkennen mag / folget / daß ſie / weil ſie dermaſſen inn einander verwirrt vnnd zerriſſen / die recht / wahr / Chriſtlich
Kirch bey jhnen durchauß nicht haben / noch haben können / auch in der rechten / wahren Chriſtlichen Kirchen gantz vñ gar nicht ſeind. Demnach
du fromme Herrſchafft / jr getrewen Vnderthoꝛ
nen / betracht es vmb GOTtes willen fleiſſiger /

Math. 24.
vnd 25.

wachet auff / es iſt wol an der zeit / dann es trifft
nit Silber noch Gold / ſonder ewere Seelen / nicht
das zeitlich / ſondern das ewig. Was hilffts aber

Matth. 16.

den menſchen / wie Chriſtus der Herr ſelbs ſagt /
wann er gleich die gantz Welt gewinne vñ vber-
käme / litte aber ewigen ſchaden vnnd pein an ſeiner Seel. Keret derhalben wider zum alten / wa-
ren / Chriſtlichen / Apoſtoliſchen / Catholiſchen /

Jacob. 5.

fridſamen / ainigen / vnd Beſtendigen Glauben / ſo
mögt jr troſt / vnd das ewig leben haben / Amen.

XXII.

Die zwoꝛvndzwaintzigiſt vnainigkeit /

iſt de poſitiuis & priuatiuis gratijs, das iſt / von der ſchan-
ckung der gnaden vnd güter Gottes / vnd der erlö-
ſung von den vbeln / zwiſchen den Wittenbergiſchen vnd Jhe-
niſchen.

Dann

DAnn die Wittenbergischen wöllen vnnd schreiben in irem vnrainen Catechismo/wie er von jnen selbs genent vnd getaufft wird/ der positiuarum gratiarum, dz ist/der schanckung der gnaden vnnd güter Gottes seyen zwayerley/ Geistliche vnnd Leibliche. Der Geistlichen seyen drey. 1. Die wahr erkantnuß Gottes / das ist/die heiligmachung des Göttlichen Namens. 2. Trö= stung vnnd regierung des H. Geists/so das reich Gottes genent werde. 3. Vnser gehorsam so mit dem willen Gottes vberein stimme. Die leiblich aber sey das täglich Brot.

Der priuatiuarum gratiarum aber / der erlö= sung von den vbeln/ seyen auch drey. 1. Die ver= zeihung der sünden. 2. Verjagung der Thyran= ney des Teuffels/der Welt/vnnd ja auch vnsers aignen fleischs. 3. Erlösung/ das ist/ milterung der trübsalen in disem leben/vnd die volkomme= ne errettung vnd erlösung.

Dise lehre aber von gemelten Gnaden/ kön= nen vnnd wöllen die Jhenischen nit gut haissen/ Beklagen sich demnach auff das hefftigst ab den Wittenbergischen/ daß sie newe Bäpstische re= den inn die Kinderschulen/ vnnd in den Kinder Catechismum bringen / de positiuis & priuatiuis gratijs, ohne alle not / do man nit wisse/was da= hinder stecke vnd gesucht werde.

Warnung.

Witten. in Co= tech. de orat. Dominica q. Quid continet narratio? Fol. 95. edit. lat. Wittenberg. Anno 1571.

Jhenische la= st warnung/ vorm Witte= bergischen Catechismo. E. iij. b.

Grundtfest new angerichter Warnung.

Was muß nun aber ein ainfältiger Lay thun/ der sich bißher zur Augspurgischen Confession bekant hat/ vnnd vermaint trost vnnd frid dabey zufinden? Da er aber jetzund zusihet/ so befindet er lauter zanck vnd hader/ zerrüttung vnd zertrennung: Wäre jme derwegen wol zeit vnd von nöten/ daß er auffwachete vnnd auffsehe/ damit er sein seel seligkeit nicht verschlieffe/ besonder aber weil Luther selbs schreibt: Man könne den Teuffel jha niergents so wol erkennen/ als bey der lugen vnd zwiträchtigkeit im Glauben.

Matth. 7.24
Matth. 25.

Luth in Syngram.

XXIII.

Die dreyvndzwaintzigist vnainigkeit/
ist von der Hellen/ zwischen den Wirttenbergischen vnd Wittenbergischen.

Dann die Wirttenbergischen Predicanten/ Brentius/ Schmidelinus/ vnd jre Rottgesellen / verlaugnen/ wie die Wittenbergischen one schew hieuon von jn schreiben/ die Hell gantz vnd gar/ vnd machen auß jhr allein ein Allegoriam, do mans vil anderst mainet / dann die wort an jnen selbs lauten/ Wöllen demnach gar nicht/ daß die Helle ein gewisser ort sey.

Darwider aber seind die Wittenbergischen Theolo:

Wittenber.
in jrer grunt
fest von der
person Chri
sti/ Fol. 119.
Die Witten
berger ver-
laugnen die
Hell.

Theologen gantz hefftig / wie trawen billich/
haissens gantz vnd gar newe gedicht/die sie keins
wegs billichen können.

Warnung.

Jlff aber lieber/allmechtiger/barmhertziger
Gott/wie bleibt so gar kein jrthumb allein/
Oder wozu wirds noch kommen? Die heilig Bibel ist von Lutherischen Predicanten mit
falscher dolmetschung verfelscht/ mit vnchristli-
chem/vnerhörtem verstand zertheilt/die heiligen
Sacrament seind jämerlich zerschmettert/vnnd
fast gar verlaugnet. Nun geht es jetzund auch/
laider Gott erbarms/an die heiligen Artickel vnsers heiligen Christlichen Glaubens. Wache auff Matth. 24.
demnach du fromme Hertschafft/jhr getrewe Vn- vnd 25.
derthonen/es ist fürwar an der zeit/ wolt jhr nit
gar vmb den gantzen heiligen Christlichen Glau-
ben/vnd das gantz Christenthumb/ bey sollichen
vnbestendigen/verwirrten/hellischen leuten mit-
einander kommen. Dann sihe doch vmb Gottes
willen zu / biß hieher haben sie dich selbs gelehrt
vnd vnderwisen auff mancherley weiß/zwar in
Schulen vnnd Kirchen/ mit Predigen/fragen/
Examinirn/vermanen / singen? Disputirn / im
fünfften stuck vnsers heiligen Christlichen vnnd
Apostolischen Glaubens / Christus der Herr sey

M   abgesti-

Grundtfeſt new angerichter

abgeſtigen zu der Hellen/zc. Jetzundt aber iſt es
nichts/ jetzund iſt kein Hell mehr/ ey ſo kan auch
Chriſtus/ wens wahr wäre was ſie vnchriſtlich
vnnd felſchlich fürgeben/nicht hinab zu der Hellen geſtigen ſeyn: Vnnd wird alſo auch der heilig
Chriſtlich Glaub von den vnchriſtlichen leuten
auffgehaben/ vnd der armen Chriſtenheit diebi-
ſcher weiß abgetrungen/Das aber wird Chriſtus
an ihnen nit vngerochen laſſen/ ſie werdens auch
ſelbs wolerfaren werden/ ob ein Hell ſeye oder
nit/Gott gebe daß ſie ſich widerumb/mit ſampt
allen denen/die ſie Bißher verführet/ vnnd im heiligen Teſtament des HERren angefürt haben/
zum alten/wahren/heiligen/Chriſtlichen/Catho-
liſchen/ Apoſtoliſchen/ vnnd Römiſchen Glauben Bekeren/ ſo werden ſie der Hell wol entgehn/
vnd vberig ſeyn mögen: Das günnen vnd wünſchen ihn alle Catholiſche vnnd Bäpſtiſche von
hertzen/ Gott gebe ſie günnen vnd wünſchen jn
dargegen was ſie wöllen.

Es hat fürwar Bißher vil wunder genom-
men/auff Bayden ſeiten/wie es doch jmmer kom-
me/ daß Bey jetz lauffender Welt/ ſo gar alle er-
barkeit vnnd tugent erloſchen / alle Betriegerey
vnnd vntugent dagegen vberhand genommen/
die ſünd geheuffet/die laſter gemehrt/ alle finan-
tzerey zugenommen/ Wenn es aber die geſtalt ſol
haben

(Marginal note left, upper:) Die Wittel-
bergiſche pre-
dicante ver-
laugnen den
5. Artickel
vnſers heili-
gen Chriſtli-
chen glaubes
dz Chrtſtus
zu der helle
abgeſtigen
ſey.

(Marginal note left, lower:) Warum alle
laſter Bey der
Welt jetzunt
ſo gar vber-
hand nemen.

haben/daß weder Hell noch Teuffel ist/jha wol
so dörffe es niemands mehr wunder nemen/wa=
rumb es so vbel in der Welt stehe vnnd zugehe/
von wannen souil Betriegerey/sünden/schand/
vnnd lastern kommen? Dann wer wil sich einer
tugent befleissen?ja wer wil nit alle Büberey/vn=
zucht vnd laster vben/so kein Hell ist/ wie Bren=
tius vnd Schmidelinus vnuerborgen schreiben
vnd halten: Wolan es werden die Infernales hæ=
retici der tage eins schon wol jnnen werden/ ob
ein Hell sey oder nit. Gott gebe daß sie sich wide=
rumb zum Catholischen Glauben bekeren/ der
sein grundt vnnd lob inn H. Göttlicher Schrifft
hat. Rom. am 1. Capitel.

petrus Date
nus inn der
antwort auff
die Francki=
furtisch prob

Jch trüg
sorg Brentti
us vnnd Blu
denbach wue
dens schon
wissen ob ein
hell sey oder
nit.

XXIIII.

Die viervndzwaintzigst vnainigkeit ist
vom Himel/ zwischen den Wirttenbergischen
vnd Wittenbergischen.

DAnn die Wirttenbergischen Predicanten/
Brentius/Schmidelinus/vnd jhr anhang/
vernainen nit allein die Hell / sondern auch
den Himel/machen auch nur ein Allegoriam auß
jhm/ vnnd nennen jn demnach einen Thalmuti=
schen vnd Alcoranischen Himel.

Wittenber.
in der grund
fest von der
person Christ
st. Fol.ii.g.a
Anno 1571.
Cœlum Schmi-
delinum quale.

Darwider aber seind gantz ernstlich vnnd

M ij   hefftig

Grundtfest new angerichter

hefftig die Wittenbergischen Theologen (die
dann die Wirttenbergischen diß erschröcklichen
jrrthumbs offentlich bezüchtigen) vnd kempffen
zwar redlich wider sie in jrer grundtfest von der
Folio 119. a. person Christi/daß nemlich ein Himel sey/so vber
vnnd ausser diser sichtbaren Welt die wonung
Gottes vñ aller auserwölten sey/darinnen Gott
sein Mayestet offentlich schawen lasse ⸗ dohin
Christus gefahren/do S.Stephanus Christum
gesehen habe/Haissen derhalben der Wirtten=
berger lehre gantz vnnd gar newe gedicht/die sie
nicht annemen können.

Warnung.

Die Witten
berger ver=
felschen den
6. Artickel
vnsers heilli
gen Christli
chen Glau=
bens)das
Christus gen
Himel gefa=
ren sey.

OWehe aber vnnd wider wehe/allen frommen
Gottseligen Christen/die bißher/nach laut
des sechsten Artickels vnsers H. Christlichen
Glaubens (Er ist auffgefahren zu den Himeln)
festigklich geglaubt/es sey Christus der Herr gen
Himel gefaren/do er auch allen auserwölten ein
ewige behausung vnd wonung zugericht habe:
Diß muß jetz den Wirttenbergischen Predican=
ten nichts seyn. O wehe aber der frommen blü=
enden Herrschafft/wehe den getrewen Vnder=
thonen/die so gar alles trosts/hoffnung/frewd/
vnd zuflucht/von den Mondsüchtigen leuten be=
raubt werden:Dann ist kein Himel/so ist fürs
erst

erst der sechst Artickel vnsers heiligen Glaubens
nichts (Er ist auffgefaren gen Himel.)

Fürs ander / ist auch all dein hoffnung vnd
trost vmb sonst vnnd vergebens / du wöllest inn
Himel kommen / vnnd mit Christo deinem Gott Johannis 12
vnd Herrn / Schöpffern vnd Erlösern / ewig le- 2. Tim. 2.
ben vnd herrschen.

Fürs dritt / wirdt durch dise lehre der ??
laugnuß des Himels vnd der Hell / anders ??ts Die Witten-
eingefürt / als das alt Haidenthumm / do ma. . we, berger sagen
der von Gott / noch von dem ewigen leb:n ge- Beschuldigüg
wiß hat. Wäre derwegen menig wol zu rathen der Flacia-
vnnd zu wünschen / man liesse die Predicanten Grundtfest.
Predicanten seyn / vnd betrachtete die sach selbs. Fol. 196.
Dann ist es nit ein arme sach / vnnd zu erbarmen /
daß der Augspurgerischen Confession zugethone vnd geschworne Predicanten / fast inn den aller höchsten Artickel vnsers heiligen Christlichen
Glaubens / dermassen in einander zertrent vnnd
zerrissen seind / vnnd dannost jederman durch die
Finger sihet / niemands sich der ewigen seligkeit
annimpt.

XXV.

Die fünffvndzwaintzigist vnainigkeit /

ist der Disciplin vnd eusserlichen zucht halb / zwischen den Wittenbergischen vnd
Ihenischen.

M iij   Dann

Grundtfest new angerichter

Dann die Wittenbergischen sagen vñ schreiben inn ihrem Caluinischen Catechismo/ die
Disciplin vnd eusserliche zucht seye darumb
von nöten / vt sit pædagogia in Christum, damit
sie ein führerin sey zu Christo/oder wie es die Jenischen gedolmetscht wöllen haben/in Christum.

Darwider aber seind die Jhenischen gar hef-
tig/daß die eusserlich Disciplin soll ein führerin
sey in Christum / sintemal nit die Disciplin vnd
zucht/sonder vil mehr das Gesatz/ wie S. Paulus sagt/vnser Zuchtmeister sey gewesen auff
Christum: So verstehet sha ein jeder ainfältiger
Christ wol/daß Lex, Gesatz/vnd Disciplina, eusserliche zucht/nicht ainerley/es hab auch kein ver-
stendiger Lehrer jemals gesagt / daß Lex & Disciplina, Gesatz Gottes vnnd eusserliche zucht/
ein ding seyen /weil daß Göttliche Gesatz viel
mehr begreiffe / dann die eusserliche zucht oder
Disciplin/dann Hayden vnnd Türcken haben
auch Disciplinam, vnd ja wol besser als vil Chri-
sten/doch könne darumb niemands sagen / daß
ihre eusserliche zucht ein führerin sey inn Christum.

Warnung.

Was wil sich ein frommer Christ aber ver-
halten(Oder wölchem theil wil er beyfallen

*De Decalogo
causa quarta
cur necessaria
est disciplina.
Fol. 41,*

*Jenische inn
ir warnung/
C.14.*

Galat.3.

len auch in disem puncten:Helt ers mit den Wit-
tenbergischen/ so seind zwar die Jhenischen dar-
wider/ wölche noch vber das/ auch in disem strit
von den Wittenbergischen schreiben/ Sie haben
nit allein die lehr von der Disciplin vnnd eusserlichen zucht verfelschet/ sondern auch die Bibel
gar gröblich reformirt vnnd gemaistert/ an dem
vnd an andern vil örtern mehr inn jhrem newen
Catechismo/ Das lasse ich die Wittenbergischen
selbs verantworten/ allein ist es vmb die arme
Christenheit zuthun/ die also bößlich von den jr-
rigen leuten gefürt vnnd angefürt wird im heiligen Testament des Herren / inn dem sie nit anderst vermaint/sie habe das rain/purlauter wort
Gottes/ Do man aber jetzund zusihet/ so haben
sie ein vnrain/ gefelscht wort / wie sie nicht allein
die Catholischen/ sondern sie selbs einander sol-
lichs gründtlich vnnd warhafftig bezüchtigen/
wie oben inn der Sibenzehenden vnnd Achtze-
henden Vnainigkeit weiterer Bericht geschehen
ist. Das bitt ich wölle der gemain Mann zu hertzen fassen/vnnd ferner Bedencken/wölcher dann
zwar ein jeden frommen Catholischen Christen
im hertzen erbarmet/daß er so schendlich soll betrogen
werden.

Warnung
vt supra.

Die Wittenberger ver-
felschen die H.Bibel.

XXVI.

Die ſechsvndzwaintzigiſt vnainigkeit/
iſt von wegen der Definition der Tugent/zwi-
ſchen den Wittenbergiſchen vnd
Jheniſchen.

Ann die Wittenberger Beſchreiben ſie/die
Tugent/gar auff Haidniſche weiß.

Dawider aber kempffen die Jheniſchen
ernſtlich/in jhrer warnung vorm Wittenbergiſchen Catechiſmo/mit ſolchen worten: Es werden vil Definitiones der Tugent geſetzt/gar auff
Haidniſche weiß/da auß GOttes wort etwas
notwendig darbey zuſetzen.

*Jeniſche inn
der warnüg.
K.iiij.*

Warnung.

SO gar iſt kein einigkeit bey den Lutheriſchen
Predicanten zuſpüren vnd zufinden/daß ſie
ſich allererſt auch vmb die Beſchreibung der
Tugent zancken vnd reiſſen. Was wilt du dann
du frommer Chriſt bey ſolchen zanckeiſen ferner
thun oder anfahen/ſintemal du bey jhnen nichts
gewiß haſt/kein grundt/weder ainigkeit noch
Beſtendigkeit/ſonderlich bey den/die ſich der ding
am aller maiſten Berhůmen. Wäre dir derhalben wolzurathen/du kehreſt dich widerum zum
alten/feſten/Beſtendigen/ainhelligen Catholiſchen grundt/ſo möchteſtu diß zweiffelns/zan-
ckens/

*Der Aug-
ſpurgiſchen
Confeſſion
zugethone
predicanten
haben kein
grundt/we-
der ainigkeit
noch Beſten-
digkeit.*

ckens / hin vnnd wider fallens vberhaben seyn /
Vnnd seind also biß hieher der Augspurgischen
Confession verfreundten Predicanten newe / vn=
seglicche spän vnd zäncke weit auffürlicher vnnd
reichlicher / als zuuor im ersten Truck beschehen /
dem Christlichen Leser zu gutem / re=
ferirt vnnd angezaigt
worden.

☞ Noch andere newe /

grewliche zwispält vnd zerrüttungen /
der Augspurgerischen Confession
verfreundten Predi=
canten.

WEIL aber droben eilendts
halb / von wegen der Franckfur=
ter Meß / auch noch andere / newe /
frische zwispält vnnd vnainigkei=
ten von jetz erzelten / dahinden inn
der Feder geblieben / vnnd vber das auch wider
andere erst von nagelnewem vnder den protesti=
renden Theologen erwachssen vnnd entstanden
seind / sollen vnd müssen dieselbigen der warheit

N   zur

Grundtfeſt new angerichter

zur fürderung/vñ der luge zum ſtoß/jetzunt auch
gründtlich vnnd warhafftig von mir vermelt/
vnd an das liecht gebracht werden.

XXVII.

Die ſibenvndzwaintzigiſt vnainigkeit
iſt vom ewigen Wort vnd Son Gottes/zwiſchen
Flatio Illyrico vnd den Wittenbergiſchen.

Wittenber.
in irer grunt
feſt von der
perſon Chriſt
ſti/ fol.3.b.

Flack Illyri
el Gottßleſte
rung.

An erſt ange
zognem ort.

Ann Matthias Flacius Illyricus gibt für/
der Sohn Gottes werde durch eine Meta-
phoram, oder verwechſlete rede/das ewig
Wort genennet/wie durch gleiche Figur auch
Joannes der Taüffer eine ſtim̃ genennet werden
kundte.

Dawider aber ſeind die Wittenberger hefftig/nennens ein leſterung/dardurch er den leſterern vnd verläugnern der Gottheit des ewigen Sons Gottes/ſein Thür vnd Thor auffmache/darneben auch aller alten rechtgläubigen Lehrer erklärung vnnd zeugknüß verwerffe/wölche ſagen/daß der Son Gottes das ewige Wort des Vatters darumb genennet werde/dieweil er des ewigen Vatters gantz ebenbild ſey/geborn vom Vatter/da er ſich ſelbs von ewigkeit anſchawet vnd betrachte.

Warnung.

Er was muß die fromme Herrſchafft auch zu
dem

dem sagen? Oder wölchem theil wille sie recht
geben? Wolan gibt sie den Wittenbergern recht/
so verbandt sie der ander/ Vnnd helt sie es dann
mit Illyrico / so hat sie gleiches vrtheil von den
Wittenbergern zugewarten. O wehe demnach
jr/vnd aller jrer vnschuldigen Vnderthonen/die
so erbärmlich genarret/ vnd angefürt werden in
dem heiligen Christlichen Glauben/wieuil besser
wäre es jhnen aber/sie begeben sich mit einander Matth. 16.
wider zum alten/Beständigen/ainhelligen/ vnnd Luce 22.
grundtfesten / Catholischen Glauben/ so wären Actorum 4.
sie diser vnmenschlichen vnainigkeit wol vber- Roman.l.16.
haben.

XXVIII.

Die achtvndzwaintzigist vnainigkeit/
ist von der Gottheit Christi/zwischen dem Jacob
Andree vnd den Wittenber-
gischen.

Ann gemelter Jacob Schmidle macht auß Wittenber-
Christo zwen Götter / oder ein zwifachen grundtfest.
doppelten Gott/dieweil er zwo Gottheit in Fol.118.119.
Christo dichtet vnnd spintisiert/ anfengklich ein Schmidel
wesentliche Gottheit/ so er mit dem Vatter vnd Christo ein
H. Geist gemaint hat nach seinem wesen: Zum zwifachen/
andern/ein mitgetheilte Gottheit/die da zur zeit Gott/ auff
der Menschwerdung von dem Son Gottes/der gut Nesto-
angenommen natur des Menschen Sons mitge- rianisch.
theilt worden ist.   N ij   Dar-

Grundtfeſt new angerichter

Grundtfeſt.
Sol.118.

Darwider aber kempffen die Wittenberger
ernſtlich/es laute faſt Arzianiſch/dieweil die mit⸗
getheilte Gottheit in Chriſto weit zu vnderſchei⸗
den ſey von dem Göttlichen weſen des ewigen

Grundtfeſt.
Sol.195.156.

Vatters/Vnd ſey jme alſo/vnd allen Flacianern
vnnd Eutichianiſchen Realiſten vnmüglich et⸗
was gründlichs auff die gegenwürffe der Anti⸗
trinitariorum in Sibenbürgen/als Franciſci Da⸗
uidis, Brandatæ, vnd jhrem hauffen/auffzubrin⸗
gen vnd zu antworten/wölche jren Kirchen für⸗
werffen/ daß man pro Trinitate, Quaternitatem,

Schmdie vñ
andere Fla⸗
cianer ma⸗
chen auß der
H. Dreyfal⸗
tigkeit ein
Vierfaltig⸗
keit.

das iſt/an ſtat der Trifaltigkeit ein Vierfaltig⸗
keit mache in der Gottheit. Vnnd es ſey je wahr/
folge auch vnwiderſprechlich darauß / Wann
die Menſchliche Natur Chriſti mit allen Göttli⸗
chen aigenſchafften vnd Göttlichen weſen ſey ge⸗
zieret/ vnnd alſo vergöttet worden/ſo werde die
Menſchliche Natur auch billich Gott genennet/
wie ſie dann ſelbs die newen Scribenten beken⸗
nen/dardurch ſie dann nu vber die drey perſonen
der GOttheiT / vier perſonen bekennen müſſen/
weil Chriſtus nach ſeiner Menſchheit Gott wor⸗
den ſey.

Warnung.

Wehe widermals der Gottſeligen Herr⸗
ſchafft/der frommen Vnderthonen/wie wird
ſie

sie gar aller richtigkeit/grund vnnd warheit des
H.Christlichen Glaubens/so schendtlich von den
erschröcklichen/verwirrten leuten beraubt. Nun Die Lutheri
schen bringē
Nestorianiſ
mum wider
von den Bē-
cken herfür.
kompt der alt verdampt Nestorianismus wider
herfür mit der Vierfaltigkeit/ vnd muß dannoſt
das purlauter wort GOTtes seyn/ so es inn der
warheit ein alte/ verdampte ketzerey ist des Ne-
storij. O wehe abermals Witwen vnnd Wai- Wehe vnnd
jmmer wehe.
allen verführ
ten Christē.
sen/Kindern vnnd Kindskindern/ die inn so erschröckliche Secten vnnd grewliche jrrthumb so
vnschuldigklich durch die mutwilligen leut werden eingefürt/ wie wöllen sie es jmmer verantworten vmb Gottes willen.

XXIX.
Die neunvndzwaintzigiſt vnainigkeit
ist vom Glauben / zwischen den Brunschwei-
gischen vnnd Wittenber-
gischen.

Ann Martinus Kemnitius Braunschwei- Wittenberger in jhrer
grundtfest
von der per-
son Christi/
fol.135. b.
gischer Superintendent/wil wider auff ein
nagelnewes/ es haisse: Abundet quisq̃ suo
sensu, Das ist/ es möge ein jeder glauben was er
wölle/ mögs glauben oder mögs nit glauben/es
sey jme gleich/Gott geb ein jeder lehre in der Kirchen Gottes was er wölle/ vnd es möge jm wol
einer nach seinem sinn etwas dichten/ es habe
grundt oder keinen grundt.

N iij　　Die

Vt ſuprá.

Die Wittenbergiſchen ſeindt ſtarck darwider. Dañ es könne ein jeder gemainer mañ leichtlich ſchlieſſen was hierauß folge. Dann gülts inn Glaubens ſachen alſo ſpilen / daß ein jeder möge jm ſeinen ſiñ gefallen laſſen / ſo werde es entlich dahin kommen / wie jener ſchreibe / daß ein jeder könne in ſeiner Religion ſelig werden: Oder wie ein anderer geſagt / Es ſey mit den Religionen gleich wie mit den Kaufleutē die auf die Franckfurter Meß ziehen / dann gleich wie dieſelben nit ainerley weg raiſen / vnnd doch entlich zum Jarmarck zuſamen kommen / Alſo werden auch alle Völcker im Himel zuſamen kommen / ob gleich in der Religion vngleichheit geweſen iſt. Alſo habe auch gerad auff diſen ſchlag ein alter ketzer / Rhetorius genant / beim Philapito / geiget vnnd geſungen.

Vmb die Lutheriſche Religion iſt es gleich ein Ding als wie vmb die Kaufleut die gen Franckfurt ziehen / ein vberauß ſchöne gleichnuß. Reminitius bringt den Rhetorianiſmum wider auff die Ban.

Warnung.

Pfui ſchäme dich Teuffel ſchäme dich / ſoll man dann alſo mit dem heiligen Chriſtlichen Glauben ſpilen vnnd vmbgehn. Nun dörffe es keinen mehr verwundern / von wannen es komme / daß ſie dermaſſen inneinander zerriſſen vnd zertrent. Dann hat es ſolche geſtalt mit dem Glauben / dz man ein lauter Affenſpil vñ Franckfurtiſche Meß darauß machet / hilff lieber Gott ſo iſt

Die Luth. predicanten machen auß dem heiligen Chriſt.glaube ein Franckfurtiſch meß. Ey ein ſchöner Glaub.

so ist es kein wunder daß sie also jemerlich zerrütt
vñ zerspalten seind. Dann wie kan gleichheit vñ
ainigkeit seyn/ wann ein jeder mag glauben was
er wil. Erst werden sie sich nimmermehr in ewigkeit verainigen vnd vergleichen können/ weil ein
jeder wol so hoffertig/ daß er vermaint er habe
den H. Geist/ vnd seine träwme seyen purlauter
oracula, vnnd eingeben des H. Geists. Was wilt
du dann O frommer Christ weiter bey jn thun/
dann mit diser des Kemnitij lehre wirst du inn
ewigkeit nichts gewiß haben können/ sondern so
offt du ein newen Predicanten hast/ so offt wirst
du auch ein newe Religion haben müssen. Wäre
es demnach vil besser/ du thetest dich wider zu
der alten/ gewissen/ vnnd bestendigen Religion/
so kümpst diß Gauckelspils ab.

Marginalia: Wie Keßhusius inn der Wittenberger Grundt-fest/ Fol. 196. §. 197. a. Kemnitius macher alle ding vnge-wiß. So offt ein newer predi-cant/ so offt ein newer Glaub/ O recht auff sie.

XXX.

Die dreissigst vnainigkeit/ ist von Christi absteigen zu der Hellen/ zwischen den Luneburgischen vnd Witten-
bergischen.

ANn die Wittenbergischen/ wie sie von den
Luneburgischen warhaftig beschuldigt wer-
den/ ingen von disem H. Artickel allzu bloß/
one allen angehenckten notwendigen bericht/ inn
deme sie fürgeben/ diser Artickel seye inn etlichen
Orientalischen Kirchen nicht gefunden/ noch er-
plicirt.   Dar-

Marginalia: Luneburg. in jhrem Be-dencken/ vor dem Witten-bergischen Catech. fo 24 Anno 1572. zu Jhena ge-druckt.

Grundtfest new angerichter

Luneburg. vt supra.

Darwider aber seind die Luneburgischen gar hefftig/dise jhr der Wittenberger wort seyen ergerlich vnnd vnnötig für die jugend vnnd gemaine Gottes/ vnnd es wäre besser es wär verschwigen/ dann vermeldet werden.

Warnung.

WOlan Lutherischer Christ/ du kämpst wider vmb ein Artickel des heilige Christlichen Glaubens/ durch deine schöne Wittenberger/dann es warlich wahr ist/was die Luneburgischen hieruon schreiben/ sintemal durch dieses melden nichts anders aufgericht wird/ bey jungen vnnd alten/dann daß diser Artickel auch zu nichten vnd vngewiß gemacht wird. Was wilt du dann ferner bey den Lutherischen thun/ weil du bey jhnen vmb ein Artickel nach bem andern kämpst/biß daß du gar kein mehr hast. Kere derhalben wider zu den Catholischen/da seind noch Gott lob/alle stuck des H. Christlichen Glaubens vnuersehrt vnd vnuerfelscht.

Die Lutherischen haben abermal ein Artickel weniger als zuuor.

Der heilig Christenlich glaub ist bey den Catholischen noch gantz fest vn steiff.

XXXI.

Die ainvnnddreissigist vnainigkeit ist von Christi vnsers Heilands Vrstend vnd Aufferstehung/zwischen den Wirttenbergischen vnd Wittenbergischen.

Dann

DAnn Brentius vnd Jacob Andree mit jren
Sectgenoſſen/füren von gemelter Vrſtend
ein grauſame vnnd erſchröckliche lehre/inn
dem ſie fürgeben/Chriſtus ſey aufferſtanden/vñ
ſey nit aufferſtanden/verfelſchen alſo auch diſen
H.Artickel vnſers H.Chriſtlichen Glaubens/dañ
ſprechen ſie/damit der gutherzig Leſer nit etwa
maine/man thue jnen vnrecht/Chriſtus ſey wol
nach der eußerlichen geſtalt vnnd anſehen ſeiner
Menſchlichen Natur aufferſtanden/vnnd dem⸗
nach nicht im Grab geweſen/aber nach der Ma⸗
ieſtet ſeiner mitgetheilten Gottheit ſey er eben da
zumal auch noch mit dem Leib im Grab/jha im
Himel vnd auff Erden geweſen/vnd habe alſo
nichts newes in der Aufferſtehung empfangen.

　　Darwider aber ſeind die Wittenberger gar
hefftig/könnens nicht billichen noch gut haiſſen.

Warnung.

GEhe hin mein Lutherthumb hab dir das/
du kämpſt widermals mehr als halb vmb
ein Artickel des Glaubens/Sey getroſt/du
wirſt gar bald gar kein mehr haben werden. Iſt
es aber nit ein ſpott/ja ein blut ewige ſchand/daß
man mit dem H. Chriſtlichen Glauben dermaſ⸗
ſen ſpilen vnd vmbgehn ſoll/vnd ſchweigt doch
jederman darzu ſtil. Brentius vnd Schmidelinus

　　　　　　　O　　machen

Wittenberg grundtfeſt. Fol. 119.a.b/
Chriſtus iſt Brentio vñ Schmidelino aufferſtãden/vñ dañ noch mit dem leib im grab gebliben/ein ſeltzams auff erſtehn. Recog Brent. Fol. 230.

Grundtfeſt. Fol. 119.

Es iſt aber ein Artickel dahin bey dē Lutheriſchē. Das Lutherthumb wirdt gar bald kein Artickel des glaubēs mehr haben.

machen auf der H. vrstend Christi ein offentlichs
Dockenwerck vnd Affenspil/nicht desto weniger
geht es jn alles hin. O wehe derhalben der from
men Herrschafft/ vnd den lieben Vnderthonen/
die so böslich vnd erbermlich von den verwirten
leuten angefürt werden.Wie vil besser aber we
re es Bayden/ sie kereten wider zum Catholischen
gantz vnuerruckten Glauben / so möchten sie hie
vnd dort frid vnd frewd haben.

XXXII.

Die zwoundreissigist vnainigkeit / ist
von anbetung der Menschheit Christi/ zwischen
den Schwenckfeldischen vnd Wittenbergischen.

Schweckfelt
in verant
wortung an
phil. Melan.
Adoratio car-
nis Christi.
Grissfest.103
Gemeine Con-
fession der
Sächsischen
Kirchen/
fol.115. §.f.is
Anno 72.zu
Jbena ge-
truckt.
Schmidelin
muß auch
mit inhalten
weil er ein
vergöttete
menschheit
in Christo
dichtet.

Ann Schwenckfeld schreibt der menschheit
Christi für sich selbs auch die anbetung zu/
Quia etiam caro Christi per se sit adorabilis,
Vnnd diß/ wie die Wittenberger schreiben/ ver
theidingen auch noch andere Lutherische Predi
canten / ich glaube es werden die Braunschwei
gischen/ vnnd andere/so sich zur gemainen Con
fession der Sächsischen Kirchen bekennen/seyn.
Dann dise in erst gemelter Confession ziehen vnd
allegieren vier schöner Spruch auß den H. Vät
tern an/als auß Cyrillo/Athanasio/Augustino/
vnd Damasceno/daß auch die Menschheit/ vnd
das Fleisch Christi anzubeten sey.

Dar:

Darwider aber seind gestracks die Witten‚ Gottesst.M3
berger in jrer Gruntfest vñ Catechismo/haissens
Besteckungen des H. Sacraments des Altars.

Warnung.

WOlan was wil der gemain mann abermals Catech. de ce‚
anfahen? Oder mit wölchem theil wil ers na dñi. fo 132
auch hierinnen halten? thue er jhme aber lat.ed. Witten.
gleich wie er wölle/so fehrt er vbel an/so muß er Anno 71.
von dem einen theil verdampt seyn. Die Witten‚ Die Witten‚
bergischen Sacrilegi werden der tage schon eins ben vnd ste‚
Christo antwort müssen geben/daß sie jhm sein len Christo
ehr stelen vnnd nicht vergünnen. Aber recht mag sein ehr.
man die wort Dauidis auff sie Referiern/da er
spricht: Dixit insipiens in corde suo, non est Deus. psalm. 13.
O wehe der armen Witwen vnnd Waisen aber
die so jämerlich verfürt vnd betrogen werden.

XXXIII.

Die dreyvnddreissigist vnainigkeit/ist

vom 9. Artickel vnsers H. Christliche Glaubens: Jch glaub
ein heilige/allgemaine/Christliche Kirch/zwischen
den Wittenberg: vñ Luneburgischen.

DAnn die Wittenberger/wie sie von den Lu‚ Witten. in Ca‚
Oneburgische glaubwürdig Bezüchtigt wer‚ tech. de Symb,
den/reden auch von disem H. Artickel allzu Fol.lat.edit.
Bloß one allen angehenckten notwendige Bericht‚ Wittenberg.
inn deme sie auch fürgeben/diser Artickel seye Bey Anno 71.
Cypriano vnnd Augustino nicht gefunden noch
expliciert. O ij Dar‚

Grundtfeſt new angerichter

Luneburg.
in ihrem Be-
dencken vom
Wittenber.
Catechiſmo.
fol.24. ſ.114.
Anno 72.zu
Jhena geꝛ
druckt.

Darwider aber ſeindt die Luneburgiſchen Predicanten gar ernſtlich/diſe ir der Wittenberger woꝛt ſeyen ergerlich vnnd vnnötig fûr die jugent vnd gemaine Gottes/vnd es wâre beſſer es wâre verſchwigen/ dann vermeldet woꝛden.

Warnung.

Der Luthe-
riſche Glaub
hat weder
Arm noch
Schenckel
mehꝛ / merck
Schmidel.

WEh dem armen Lutheriſchen Glauben/ wie wird er ſo gar geſtimmelt/ nun hat er gleich weder Hând noch Fûß/arm noch ſchenckel mehꝛ / ſonder ſeind jm faſt alle glieder abgeriſſen vnd zerſchmiſſen/ Ey was wilt du dann bey jme weiter thun / warumb begibſt du dich nicht wider zum gantzen / auffrechten/vnd geſunden Catholiſchen Glauben.

XXXIIII.

Die viervnddreiſſigiſt vnainigkeit / iſt
der Erbſünde/ zwiſchen Flacio Illyrico vnd den Wittenbergern vnd Jhenern.

Wittenber-
Grundtfeſt.
Fol.4.

DAnn Matthias Jllyricus ſtreitet noch heutigs tags hefftig in ſeinen hiervon auff gangnen Bûchern/die Erbſünd ſey die Subſtantz vnd das weſen des menſchen/oder die vernûnfftige Seel ſelber.

Wider diſe lehꝛe des Jllyrici ſeind anfenglich die Wittenberger ernſtlich/nennens ein Gottsleſterliche/ſchꝛöckliche/vnd Teuffeliſche lehꝛe/Eben alſo

also fürs ander seind nit allein die Wittenberger
wider Illyricum der Erbsünd halb/sonder eben
auch seine aigne Spießgesellen/als Wigandus/
Heßhusius/Morlinus/Kemnitius/vnd andere/
seind gleich so hefftig wider ihn als die Witten-
berger/wie ihre vilfeltige Schrifften hierumb
verhanden.

In scriptis se
peccato orig.
ihene. 1571.
Wigand. in re-
petit. de peccat.
orig. ihen. 72.
Heßhus. in pro-
pos de peccat.
Ihene 72.

Warnung.

WEhe abermals wehe dem armen Lutherischen Glauben/wie ist er so scheutzlich zerrissen vnd zerschmettert. Die Jenischen haben biß hieher die besten vñ bestendigsten Luthe-
raner wöllen seyn/jetzund fallen sie auch vom armen Luther ab/jetzund seind sie auch schon in sich
selbs zerrissen. Ey wie können sie dann so gar alle
scham von stirn vnd hertz abgewischt haben/in
dem sie frecher weiß fürgeben dörffen/sie fürn vñ
haben das purlauter wort Gottes/so doch Gott
der allmechtig kein Gott der zwitracht ist/auch
sein liebe Kirchen gar nit die gewonheit hat/daß
sie zancke/wie Paulus schreibt. Was wilt du dañ
O frommer Christ bey den verwirten zanckeisen
lenger thun/begibe dich viel mehr wider zu der
fridsamen Catholischen Kirchen/so waist du daß
du versichert/vnnd wol alles schedlichen grei-
nens vberhaben bist.

Die Jenischē
seind schon
selbs wider
einander.

1. Corinth. 14
1. Corinth. 1.

Der Luthe-
risch Glaub
ist ein recht
zanckeisen.

O iij　Die

XXXV.

Die fünffonddreiſſigiſt vnainigkeit/iſt von der Kloßbuß vnd Kloßbekerung/zwiſchen den Flacianern vnd Witten- bergern.

Wittenber. grundtfeſt. Fol. 4.

Ann das Flacianiſch geſind gibt mit ſeinem Meiſter Flacio für/ der menſch gehabe ſich vor der Bekerung/ vnnd in der Bekerung nit allein als ein todter Kloß/ ſonder auch widerſtre- bend/ vnd feindlich/ vnd der H. Geiſt werde ge- geben wider des menſchen willen/ auch wann er ſich noch ſetzet vnd ſtrebet wider das wort/ ja da er auff das feindlichſt vnd hefftigſt wider Gott ſich aufflehnet.

vt ſupra

Wider diſe lehr aber ſeind die Wittenberger gar grimmig/ haiſſens ein Kloßbuß/ vnnd ein newen Euthuſiaſtiſchen Schwarm/ ſo ſie keines wegs billichen können.

Warnung.

Es iſt zwar ein ellendes ding vmb dē Lutheriſchē Glauben.

HOlan frommer Chriſt/ mit wöllichem theil wilt du es abermal halten? Oder wo wilt du büſſen? Es iſt trawen ein arms ellendes ding vmb den Lutheriſchen Glauben/ er iſt greu- lich zerriſſen/ vnd hat mehr löcher vñ riß bekom- men als jener Bettelſack/ darumb dann leichtlich zuſehen/ daß er der recht/ wahr/ Chriſtlich Glaub gar

gar nicht ist / sonst wurde er Bestehen / vnnd mit
Christo zusamen samlen / vnnd nicht mit dem Bö­
sen feind zerstrewen. Ey wie kanstu dann O hertz
liebe Herrschafft weiter Bey jhnen Bleiben / wa­
rumb kümpst nicht ohne alle schaam wider zum
rechten / wahren / ainhelligen vnd fridsamen / Ca­
tholischen Glauben.

Matth. 16.
Luce 22.
Luce 11.

XXXVI.

Die sechsvnddreissigist vnainigkeit / ist
von den theulen vnd stucken der Buß / zwischen
den Flacianern zu Jhena / vnd den
Wittenbergern.

DANN die Flacianisch Rott Beschreibet an­
fengklich die Rew vnnd Laid also / daß sie
sey nur ein mera passio, das ist / ein erschre­
cken vnd leiden / damit das vnuersehens / vn auf­
serhalb Betrachtung Göttliches wort / vberfallen
werd. Item / der Glaub werde eingedruckt oder
gewirckt vom H. Geist / on vnser gedancken / wöl
len vnnd kampff dem wort Gottes Beyfall zuge­
ben / vnd der Glaub könne on gute werck seyn.

Wittenber­
Grundtfest.
Fol. 5.

　　Der new gehorsam aber gehöre nicht in das
Reich Christi / sonder in die welt / das ist der Fla­
cianer mainung von den partibus pœnitentiæ.

In actis Collo­
quij Altenbur.

　　Darwider aber seind die Wittenberger gantz
erbittert / schreiben / es seye erschröcklich zuhören /
wie die Flacianer von einem jeden stuck der Buß
vnd Bekerung reden.　　　　　　　　　War­

Wittenberg
vt supra.

Grundtfest new angerichter Warnung.

Jlff lieber allmechtiger Gott/ nun muß man augenscheinlich sehen/ daß es mit dem Lutherischen Glauben nit recht zugeht/ daß er auch gar nit auß Gottes Befelch gepflantzet/ sonder vil mehr wider Gott vnnd sein heiligs wort Bößlich erdacht ist/ dieweil er so gar kein bestand hat/ sonder gleich inn sich selbs zertheilt vnd zertrent/ als wie die Bawleut/ die den Thurn vnnd Statt Babel baweten/ wölche dann auch jhren angefangen Baw/weil sie darmit mit vnserm lieben Herrn Gott Bochten vnd trutzten/ nit volführen kundten/ sonder nachlassen musten an jhme. Gleichfals geht es den Lutherischen Predicanten auch mit jrem Bawfelligen Baw/dann dieweil er wider die wahr Kirch Gottes gar newlich von menschen/so jr pflicht an Gott vnnd der Christlichen Kirchen gebrochen/erfunden vnnd erspintisiert ist/so kan er auch gar nicht volendet vñ außgemacht werden/ sondern die Predicanten werden an jm auch müssen nachlassen/gleich wie die werckleut zu Babel. Was wil dañ ein frommer Christ bey einem sollichen vnuolkomnen werck thun/vil Besser wäre es jme/er begebe sich wider zum gantz volkomnen/Bestandthafften/Catholischen Glauben/ wölcher so fest erbawen ist/ daß

Genesis 11.

jn auch.

jn auch alle Hayden vnd Juden / Türcken vnnd *Matth. 16.*
Ketzer/nun vber die 1500. Jar haben müssen stehen lassen / vnnd werden jhn noch lenger stehen
müssen lassen/dann die wort Christi fehlen nicht/ *Luce 22.*
Matth.16. vnd Luc.22.

XXXVII.
Die sibenvnddreissigist vnainigkeit / ist
von zehen Gebotten Gottes/zwischen den Flacianern vnd Wittenbergern.

Ann gemelte Flacianer wöllen vnd verthe- *Wittenber.*
digen/die zehen gebot gehören vnd gehn die *in der grunt-*
fest. fol.7.
gläubigen vñ heiligen in disem leben nichts
mehr an/seyen jhn auch mit nichten fürzuhalten/
oder jrent wegen in der kirchen zulehren/ dañ die
Bekerten seyen allberait durch die rechtfertigung
vñ heiligung gantz vergöttert/ja Got selbs wor-
den/thun numehr alles one gebott vnd lehre von
sich selbs freywillig / wenn / wie vnd wo sie der
Geist treibet / vñ alles jr thun vñ lassen seyen des
H. Geists inn jnen wonende werck vnd getrieb/
sey auch jr höchste kunst von keinem Gesatz wis-
sen/dz Gesatz lehre kein gut Got angenemes oder
gefelligs werck/vnd es sey die rede nit zudulden/
der newe gehorsam/oder gute werck seyen in den
gläubigen etwas nötigs/als ein nötige schuld vñ
pflicht/nach der regel vñ norma der zehen gebot.

Das widerspil aber wöllen vñ vertheidigen
p   die

Grundtfest new angerichter

die Wittenberger / daß nemlich die zehen Gebot die glaubigen angehn / dann sie können nicht außgetilgt werden / sonder bleiben vñ verbinden alle menschen ewigklich. Vnd demnach beschuldigen sie die Flacianisch Rott / sie vertheidigen vñ vernewern vnuerholen vñ vnuerschämbt gar greuliche / schedliche und Teuffelische Schwermerey der Antinomer vnd Gesatzstürmer / vnd solches der gestalt / daß dergleichen zuuor nie gehöret.

tten. in Catech. de Decal. Fol. 39. edit. Lat. Wittenber. Anno 71. Wittenber. in der grunt fest. Fol. 7. B

Warnung.

WAS wil die fromme Herrschafft abermals thun? Oder wölcher seits will sie doch hindennach hinauß beypflichten / weil sie der sach so gar nit ainig. Nun ist Gott erbarms / das gantz Christenthumb durch die Lutherische Predicanten jämerlich zerschmissen vnnd zerrissen / daß es nimmermehr gnug bewainet vnd geklagt kan werden. O du fromme Herrschaft / sihe demnach selbs zu deiner Seelen seligkeit / du wirst sie sonst fürwar bey den verwirrten Leuten verschlaffen vnd verlieren. Ist doch schier kein ainiger Artickel mehr den sie nicht auff das heßlichst vnd grewlichst zerwühlet vnd verwüst hetten / wie in diser Grundfest lauter vnd klar auß jhren aignen Büchern zusehen vnnd zulesen. Darin ich dise jhr vilfeltige zerrüttung nicht von mir selbs habe

Matth. 25.

habe von jnen erdacht / sonder vil mehr auß jren
aignen newen Schrifften/gantzer Christenheit zu
warnung vnnd zu vermanung / trewlich vnnd
fleissig habe auß vnd abgeschriben / darumb ichs
auch sie selbs mit einander lasse auff tragen vnnd
verantworten/wies sie von ein andern schreiben/
so schreibe ich es auch.

XXXVIII.

Die achtvnddreissigist vnainigkeit / ist
von der ewigen versehung Gottes / zwischen den
Manßfeldischen vñ Wittenbergern.

Ann M. Cyriac Spangenberg/Manßfeldi- *Inn seiner*
scher Predicant/wil vnd lehret lauter/Gott *antwort auff der Theolo-*
der allmechtig habe in seinem ewigen rath *gen zu Leip-*
beschlossen/nur etlich auß menschlichẽ geschlecht/ *zig vñ Wit-*
vnd nit die gantze Welt/noch alle menschen/ kein *tenberg/v-*
auß genommen/zu bekern/erwöln/zu gnaden an- *ber jn gefel-*
zunemen/vnd in ewige seligkeit zusetzen. *tes endurtel.*

Das Contrarium aber lehrn gerad die Wit- *Grundtfest.*
tenberger/ dz nemlich alle menschen/ja die gantze *fol.7.*
welt sey von Got zur seligkeit versehen vñ auser-
wölt / vñ das köne wol mit mehr dañ tausent or- *Spangenberg*
ten auß der Schrifft bewisen werden.Halten der- *vt supra.*
halben des Spangenbergs mainung für ein neu-
we/vngewönliche/vnnd inn sich selbs durchauß
widerwertige vñ strittige lehre/durch wölche die
hertzen von dem klaren vñ vnwidersprechlichem

P ij   wort

Grundtfest new angerichter
wort vnd Befehl Gottes abgefürt/vnnd inn den
heimlichen/verborgnen/vñ vnerforschlichen rath
Gottes/ausserhalb des Euangelij/gewisen vnd
verfürt/ vñ in Gott dem Herrn zwayerley gantz
widerwertige willen zutichten/angewisen vnd
verleitet werden/als ob Gott inn seinem ewigen
rath Beschlossen/nur etliche auß menschlichem ge=
schlecht zu Bekeren zu gnaden anzunemen/vnd in
ewige seligkeit zusetzen/dauon er doch inn seinem
vns geoffenbartem wort sich weit anderer weise
erklere/vñ seinen willen von dem gantzen mensch=
lichen Geschlecht dermassen deutlich Bezeugt ha=
be/daß er alles vnder die sünde Beschlossen/auff
daß er sich aller erbarme.

Warnung.

WAs wil der ainfeltig Lay aber auch inn diser
schweren Materien anfangen/halten oder
glauben? daß es fürwar nit gut ist auff kein
seitten sich zufast lencken. Dann sihe vmb Gottes
willẽ/die weil Spangenberg sich zuuil auf die ein
seitten last/Bringt er mit seiner lehr villeut zu ver
zweiflung. Die Wittenberger aber machen dage
gen mit jrer lehre auß den menschen vermeßne vñ
verwegne/rohe leut/dardurch dann vil Bayder
seits menschen in gefahr vnd verlust jrer seelen se=
ligkeit gefürt vñ gebracht werden. Were derwe=
gen

gen das aller Best/ O hertz fromer Christ/du keh=
rest wider zum Catholischen Glauben/dann da
geht man stets den rechten mitlern weg herein/
daß man neimlich nit könne wissen/wölche Gott
außerwölt vnd predestinirt/es sey denn daß er es
sonderlich offenbare/habe. Demnach solle keiner
so lang er hie lebt/in vnd mit der gehaimen Göt=
lichen predestination dermassen fräueln/daß er
für gantz gewiß bey sich halte/er sey gentzlich inn
der zahl der prædestinatorum, das ist der voruer=
ordneten/doch sollen nit desto weniger alle men=
schen ein gantz steiffe vnd feste hoffnung zu Gott
dem allmechtigen setzen/er werde an jnen dz an=
gefangen werck gnedigklich volenden vnnd be=
schliessen/damit also die gnadenwahl nicht jhme
dem menschen/sondern viel mehr Gott dem all=
mechtigen selbs/wie billich/werde haimgestelt/
vnd zugeaignet.

Concil. Trid.
Seß. Sexta.ca.
12. & Can. 15
de iustifi.eiusd.
Seß.

Cap. 13. eiusd.
Seß. de perse-
uerantiæ mu-
nere.
Philip. 2.

Roman. 8.

XXXIX.

Die neunvnddreissigist vnainigkeit ist
von glaubigen newgebornen getaufften Christen/
zwischen den Flacianern vnd Wit=
tenbergischen.

DAnn die Flacianer/wie auch Osiander vnd
Jacob Andree zu Tübingen/wöllen vnnd
kempffen/die Heiligen vnnd newgebornen
seyen so gerecht vnd volkommen als Gott vnnd

Wittenber.
grundfest. 7.
Andree inn
seiner widert=
legung/der
vrsachen/dz
etlich wider

　　　　　　　P iij　　　Christus

Grundtfest new angerichter

Christus selbst / vnd da sie gleich wider gewissen
sündigen vnd fallen / so seyn vnd bleiben sie den-
noch heilig vnd Gott gefellig / von wegen des in
jnen wonenden H. Geists / biß derselb durch vnglauben verloren vnnd auffgestoffen / selbst von
jnen weiche.   Darwider aber seind die Wittenberger hefftig / heissens redlich geschwärmet.

Gruntfest.7.

Warnung.

DAs muß der gemain man mehrmals halten
oder glauben auch in dem stuck. Zu erbarmē
ist es aber / daß so gar kein Artickel von jnen
vnzerbrochen vnd vnzerstochen bleibt / vñ demnach die Welt so blind ist daß sie es nit sihet noch
mercket / ja nit sehen noch mercken wil. Es solten
ja freilich die Lutherischē lengst witzig sein worden / von wegen jrer vnseglichen zertrennnug im
Glauben. Wolan wer ohren hat der merck was
hie geschriben steht.

Luce 8.

XXXX.

Die 40. vnainigkeit ist von erschaf-
fung des menschen vnd der Seelen / zwischen Jllyrico
vnd den Wittenbergern vnd Heßhusio.

DAnn Jllyricus wil vñ helt noch heutigs tag
hiervon wie folgt: Daß nemlich der Teuffel
ein erschaffer vnd schöpffer sey des alten A-
dams vnd der seelen / vnd das seyn des Sathans
gewalt

Heßhuf. in ep-
ad illyricum.
Item in præf.
proposit. de iu-
stificatione.
Thene 71.

gewalt vber die menschliche natur/in die er seine grewlichste gifft eingegoffen / ja in die er wesentlicher weise sein ebenbild vnnd gleichnuß einge-
druckt vnd gebildet hat / also ferne sich erstrecke/
daß/ gleich wie Gott den menschen anfenglich zu
seinem Bilde vnd gleichnuß wesentlicher weise zu
seyn geschaffen hat: Also/weil der Sathan durch
die sünd ein solches wesentliches/ vñ jm gleichför-
migs ebenbild in dem menschen geschaffen hat/er
von wegen dises geschöpfs vñ wercks durchauß
des menschen mächtig vnd gewaltig sey / als seines aigenthumbs vnnd gefangnens/ nach allem
seinem mutwillen/ inwendig vnnd außwendig/
wider Gott/ vnd zu desselbigen schmach vnd lesterung zugebrauchen/zuhandlen/vnd zutreiben.

Wider dise vnchristliche vnd Teuflische lehr
des Illyrici ist anfenglich sein aigner geschwor-
ner Bruder Hefhusius selbs/heists ein Manichei-
schen trawm/ Besonder aber die Wittenberger
nennens ein Gottslesterliche/ schröckliche / vnnd
Teuffelische lehr/ wölliche fürs erst der alten ver-
dampten ketzerey der Manicheer/die einen guten
vnd bösen Gott vnnd Schöpffer gedichtet / gar
nahe vnd gleich sey.

Fürs ander/die rechte gründtliche lehre/wöl-
cher gestalt die menschliche Natur nach dem fall
erhalten vnnd fortgepflantzet werde/ vnnd wie
weit

Wittenber. grundfest. 4.
Grewliche Gottslesterung des Illyrici.
Hefhuf. vt supra. Wittenber. wie oben.
1.
2.

Grundtfest new angerichter

weit das wesen vnd Substantz menschlicher natur von der sünde zu vnderscheiden sey/ gar mit-
einander auffhebe.

Fürs dritt/frommen Eltern/sonderlich aber
dem armen Weiblichen geschlecht allen trost ne-
me/ wann sie nach Flacij mainung schliessen sol-
len/daß jre Kinder nicht so fast/dem wesen nach/
Gottes gaben/geschenckt vn werck seyn/ als des
Teuffels / der sie wesentlich nach seinem Bilde/
noch in Mutter leibe/formiere/in jnen wone/vñ
krefftigklich/ja wesentlich seine Teuffelische Lar-
uen jrem fleisch vñ Blut eindrucke vñ einpflantze.

Fürs vierd/sey dise des Illyrici lehr die höchste lesterung wider den Son Gottes selber/wöl-
cher nach dem fall der ersten eltern für dz menschliche geschlecht gebeten/ vnnd durch seine fürbitt
die menschliche natur/als zu seinem Bilde / durch
jn erschaffen/nicht hat ewiglich verderben lassen
wöllen/vnd zu desselben widerbringung vnd erlösung menschliches fleischs vnd Bluts/vñ gantze
Substantz des wesen des menschen/ inn eine vn-
zertrenliche / persönliche verainigung an sich genommen habe.

Warnung.

Ehe aber wehe der armen Eheleuten/ Weib
vnd Man/ Kinder vnd Kindskinder/ Söne
vnd

vnd Töchtern/wehe dem H. Ehestand/wie wirt
er so gar vom greulichen ketzer dem Illyrico mit
füssen getretten/vnd zu nichten gemacht/ besonder aber pfuy vñ wehe der vnerhörten erschröcklichen Gottßlesterung des ewigen Son Gottes/
vnsers lieben Herrn vnd Haylands.Wie kan nu
Gott ein sollichen lesterer leiden vnnd gedulden?
Kein wunder were es/der Teuffel/weñ er je sein
schöpffer vnd Herr ist/zerrisse jn zu tausent stück-
lein.Wölcher ehrliebender frommer Christ hat je
solche blasphemien erhört vnnd erlebt.Sehe hin
dise vnchristliche lehren hört vñ sihet man im Lutherthumb / wer wil dann ferner bey jn bleiben/
keiner zwar/dem die ehr Gottes/vnnd sein aigen
seligkeit nur ein wintzig lieb ist.

Epilogus Antilogiarum & Contrarieta-
tum Lutheranicarum.

HUnd kan also ein jeglicher frommer Christ bey
Biß an hero vnerhörten/erschröcklichen / vn-
menschlichen/ vñ vnchristlichen erzelten zwi-
trächtigkeiten vnd spän zanck vnd hadern/grei-
nen vnd murren/schelten vnnd fluchen/verdam-
men vnd bannen der Lutherischen Predicanten/
von sich selbs / er wölle dann gern die ohren vnd
augen zuhalten.

Fürs erst/gnugsam sehen vnd hören/greiffen
vnd fülen/riechen vnd schmecken/daß es mit jnen

1.

Q　　gar

Grundtfeſt new angerichter

gar nit den weg hat/als wañ ſie den rechten/wa
ren/Chriſtlichen/Euangeliſchen/vnnd Apoſtoli-
ſcher Glauben hetten vnd fürten/lehrten vñ pre-
digten.Nain Bey weitem nit.Dann Chriſtus der
Herz vñ heyland der ganzen welt treibt/vbet vñ

Joan.14.16.
Matth.24.
Roman.14.
1.Corinth.7.
Ephe. 4.
2.Tim.2.
Actorum 4.

lehrt in ſeinem Euangeliſchen reich nichts ſo faſt/
als eben liebe vnd frid/Beſtendigkeit vnnd ainigkeit: Alſo weiſen auch alle Apoſtoliſche ſchrifften
auß: Vnd deſſen haben ſich auch die erſten Chriſt
gläubigen am allermaiſten befliſſen.

2.
Des Schmi-
dels falſcher
thum.

Fürs ander/ſihet hie auch ein jeder ehrliebender Chriſtenmenſch wol/ daß des Schmidelini
thum/ da er fräuenlicher vnd mutwilliger weiß
fürgegeben/als wann zu Dreßden vñ Zerbſt Anno 69. vnnd 70. ſo ein groſſe gewaltige ainigkeit
zwiſchen jn der Augſpurgiſchen Confeſſion verwandten Predicanten wäre getroffen vnnd be-
ſchloſſen/nichts dann ein lauter vnwarhafftigs
fürgeben iſt. Dañ die Bücher/ſo in diſer Grundfeſt angezogen/ vñ erſt nach vermaindter ainigkeit an tag gekommen/zaigen vnnd ſagen vil an-
derſt/ſonderlich der Wittenberger grundfeſt/vñ
kurze Repetition oder widerholung/ ſo eben zu
Dreßden Anno 71. beſchriben/vnd das vorig 72.
zu Wittenberg bey Hans Lufften wider Latei-
niſch nachgedruckt iſt worden. Wider wölliche
dann auch ſeine des vergeßnen Andree aigne mit

Witte-

Wirttenbergische Predicanten selbs dz vorig 72. Wittenbergische predicanten in dez vorigen jrer widerholüg. a. 2. D. 1.
jar/mit vilen andern geschriben haben/in welchē
schreibē sie wider den Schmidel offenlich gestehn/
es sey ein jämerliche zerrüttung/ vñ newe laidige
ergernuß vnder jn den Lutherischen Predicantē.
Ey wie kan dañ ein mensch so gar alle scham von
sich hinweg gelegt habē/dz er ein ding darf schrei
ben/so beweitem nit ist/Besondern weil nit allein
der Wittenberger Repetition / vnnd der Wirt-
tenberger Widerholung wider jhn ex professo
streitten/ sonder eben auch die Jhenischen offentlich wider jn schreiben/wie folgt.

Tilemannus Heshusius in præfatione propositio-
num de iustificatione hominis, aduersus
Schmidelinum Tubing:

LVcius Gellius homo Romanus, & suę sapientię mul Jene An. 72.
tum tribuens, cum aliquando venisset in Græciam &
Athenis,audiuisset variarum sectarum Philosophos
magna animorum contentione inter se dissentientes,om-
nes qui tum isthic docebant, in vnum locum conuocauit:
Ipsisqūe magnopere author fuit,vt aliquando controuersiarum aliquem facerent modum. Quod si essent eo ani-
mo,vt nollent ætatem in litibus terere,posse rem conueni-
re : & simul operam illis est policitus ad compositiarum
controuersiarum.

Similes Lucios,qui omnis generis controuersias con- Merck Ando-
ree merck.
ciliare conantur,permultos vidit nostra ætas. Et ante ali-
os Iacobus ille Tubingensis,conciliationum artificem pa-
lam se profitetur.

Q ij   Nec

Nec fanè parum fibi placent,nec exiguam præ fe fe-
runt fapientiæ opinionem,qui operam fuam pollicētur in
componendis difsidijs. At vetus ille Lucius & ineptus
conciliator pugnantium fententiarū, non immeritò à cor-
datis & doctis hominibus tum tēporis fuit derifus, vt Ci-
cero de ll. teftatur. Noftri verò Lucij & inepti conciliatores,non folum ridendi, fed multò magis deteftādi funt.

Merck Ant
dree merck.

Controuerfiæ enim, quæ in ecclefia de religione mo-
uentur, non funt inanes λογομαχίαι, quales multæ philo-
fophorum rixę fuerunt,nec funt contentiones de ἐντελιχίᾳ
animæ,vel de albedine feu nigredine niuis: Sed agunt de
æterna Dei gloria,de cœlefti veritate, de perpetua hominum falute. Has ergo,qui vel difsimulata vel fepofita ve-

Merck Ant
dree merck.

ritate cōciliare & componere conatur,is & derogat ęter-
næ Dei glorię,& atrocem facit iniuriam veritati cœlefti,
ac vniuerfæ hominum faluti grauifsimum obijcit impedi-
mentum. Pugnantium enim dogmatum conciliationes te-
nebris inuoluunt veritatem,erroribus præbent patrociniū
et tutum aditum in ecclefiam patefaciunt,pufillos Chrifti
non folum turbant, fed etiam à veritatis ftudio abducunt,
præftigiatores in errore confirmant,ac femper funt pomū
eridos in ecclefia;Sunt occafio & anfa nouorum difsidio-
rum, & fufcitant tandem crudeles perfecutiones aduerfus
synceros Euangelij pręcones,& cōftantes veritatis incor-
ruptæ confeffores. Idcirco & vox diuina grauifsimè mi-

Andree iu
Tübingen ift
ein Corbur-
n°/ein Shuch
an Baide fch'
del gerecht.

natur talibus Lucijs & Cothurnis,inquiens: vę vobis,qui
dicitis malum bonum,& bonum malum, qui lucem voca-
tis tenebras,& tenebras lucem. Efa.5. Et Chriftus non a-
gnofcit fui regni ciues conciliatores illos. Vnnd bald hernach: Depręhendes eos prophano totius religionis con-
temptu laborare, & cum Epicuro verbo quidem fateri
Deum,re ipfa negare. Hactenus Hesbufius.

Welche.

Wölche wort zwar noch gar von keiner ainigkeit vnder den Lutherischen wissen / sondern
erst recht zeugnuß geben / daß zwitracht vnder jn
seind / vnd darzu nit geringe vnd schlechte wort-
streit / sonder hochwichtige / so die ewig / himlisch
warheit / vnd ehr Gottes / vñ der menschen ewig
heil selbs belangen thun. Stillen vñ geschweigen
demnach dise des Heßhusij wort / nicht allein den
nichtigen rhum Iacobi Tubingensis, sonder De-
scribirn jn noch vber das auff das meisterlichst /
was er für ein feiner Gesell sey / nemlich ein Lucius, artifex conciliationum, ineptus conciliator, ein
vngeschickter vertrags Mann / pomum eridos,
Zanckäpffel / Cothurnus, ein Polnischer Stiffel /
exul à regno Christi, ein verstoßner Burger vom
Reich Christi / vnnd ein Epicurus. Diß alles aber
lasse ich jhn / den Iacob Andree / mit dem Heßhusio selbs außtragen vnd verantworten.

Heßhusius
kan dem An-
dree sagen
was er för
ein gesell ist.

Vnd vber dise des Heßhusij wort seind auch
noch wol andere / nemlich der Wittéberger wort
vorhanden / wölliche gleichßfals wider jhn den
Schmidelinum / vnd seinen falschen rhum schein-
barlichen kempffen / die lauten auch wie volgt:

Wittenber-
ger in ihrer
grundtfest
von der per-
son Christi /
fol. 149. b.

Ob aber wol nachmals allerley Schrifften
außgesprengt worden / darinnen newe Conciliationes gerhümet / als solten wir vns inn dise oder
andere Collationes, vnd vergleichung dermassen

Q iij   einge-

Grundtfest new augerichter

eingelassen haben/daß wir vnsere lehre/die znuor
stets von vns gefüret / von dem vnderscheid der
Bayden Naturen in Christo vns begeben hetten/
wie D. Selneckers on vnser vorwissen vnnd be-
willigung aufgegangnes Exegema, vnd D. Ja-
cobi Buch von der Theologen ainigkeit rhümet:
Jedoch ist vns solches vngütlich nachgeschriben
vn zugemessen worden/wie zu seiner zeit hieuon/
wo es von nöten / weiter bericht geschehen soll.
Vnd bald darnach:Darneben auch bezeugt/daß
wir vns solcher/ so gründtlicher vnnd gewisser
lehre nicht begeben kundten / auch so lange vns
Gott das leben geben wurde / darüber trewlich
vnd fest halten wöllen.

Bißher kan ein jeder ehrliebender mann wol
sehen/daß gar kein ainigkeit vnder den Lutherischen Predicantē/sie seien darnach gleich Schwä-
bisch oder Sächsisch/ist/wie Schmidel felschlich
rhümet / dann diß gestehen auch die Wittenberger selbs keins wegs/Fürs erst: Wölche dann zu
Dreßden/da die groß ainigkeit vnder jhn geschehen sol seyn / nicht die wenigst am Bret/sondern
leichtlich die fürnembsten geweßt/wölliche sich
auch eben zu Dreßden noch vber das auff ein nagelnewes wider jn den Schmidelinum/ vnd vil
andere Lutherische Predicanten verbunden vnd
entschlossen haben.

Zu

Zu dem refutieren sie allhie des Schmidelini falschen thum ex professo selbs.

Fürs dritt / nennen sie eben den Schmideli-
um mit namen.

Fürs vierdt / schreiben sie offentlich / der
Schmidle habs jnen vngütlich nachgeschriben /
geradsam als wann sie sich mit jme / vnd andern
seines kopffs / in ein vergleichung vnnd ainigkeit
hetten eingelassen.

Fürs fünfft / wöllen sie solliches inn offentli-
chen Schrifften darthun zu seiner zeit / daß sie sich
mit jnen gar nit verainiget.

Furs sechst / wöllen sie jhr lebenlang bey jrer
lehr bleiben / vnnd sich keines wegs / weder mit
dem Schmidel / noch andern / inn solchen gefehrlichen lehren einlassen.

Ey so kan weder der Schmidle noch andere
Lutherische Predicanten mehr laugnen / sondern
müssen / sie wöllen gleich oder wöllen nicht / gefte-
hen vnnd zugeben / es seyen vnzalbarlich vil wi-
derspennige strit vnd gezänck / hadern vnd grei-
nes vnder jn den Lutherischen Predicanten / darauß dann vnwidersprechlich erfolgt / daß jr newe
vnd in der Christenheit bißher vnbekandte Religion / keins wegs die wahr / Christlich / Apostolisch / vnnd Euangelisch Religion kan seyn. Sintemal zum ersten GOtt der allmechtig nicht ein

Das Luther
thumb kan
das rechte
Christenthã
nicht seyn.

I6

Gott

Von Lutherischer ainigkeit.

1. Corinth. 14
2.
1. Corinth. 11.
3.
Luth. in Syngram.

Gott der zwitracht ist. Zum andern/die weil die kirch Gottes durchauß die gewonheit nicht hat/ daß sie zancke vnd hadere. Zum dritten/weil Luther schreibt: Man könne den Teufel ja niergents so wol erkennen/als bey der lugen vnd zwitrechtigkeit im Glauben. Gibe ichs jhnen derhalben selbs zutreffen vnd zurathen/ was sie für ein seinen Glauben haben.

Raht zu Räther sein/
Es möchte bald erathen seyn.

DEMnach bitte ich dich/ O hertz frommer Christ von hertzen/ lege nun allen priuat affect vnnd partheisch gemüth auff ein orth/ vnd lise dise Grundtfest mit fleiß/ wer waiß du möchtest dich wider erholen/ deiner edlen Seelen hail besser annemen/ jr entlichs verderben ernstlicher erwegen/ vnd dem ewigen zorn Gottes/ so ÿber dich/ wo du lenger bey dem vnseligen/ zerrißnen Lutherischen Euangelio verharrest/ wurd gehn/ etwas embsigers nachsinnen/ als bißher beschehen: Das verleihe dir Gott Vatter/ Gott Sohn/ Gott heiliger Geist/ ein Gott vnnd drey personen/
Amen.

Saluo in omnibus S. sedis Apostolicæ iudicio.

¶ Gedruckt zu München/ bey Adam Berg.